雪本无色,有谁真见过香雪?苦苦追寻,只是因为它难乃？勇者不惧,知其不可而为之,这便成了向君他们的死穴。

题赠《香雪文丛》 壬寅 钟叔河

钟叔河先生为"香雪文丛"题词

图书在版编目(CIP)数据

史记里的中国 / 赵宗彪著. —太原:北岳文艺出版社,
2024.4

(香雪文丛 / 向继东主编)

ISBN 978-7-5378-6843-3

Ⅰ.①史… Ⅱ.①赵… Ⅲ.①《史记》—研究②中华文化—研究 Ⅳ.①K204.2②K203

中国国家版本馆CIP数据核字(2024)第068666号

史记里的中国

赵宗彪 著

//

出品人
郭文礼

选题策划
谢 放

责任编辑
关志英

书籍设计
张永文

印装监制
郭 勇

出版发行:山西出版传媒集团·北岳文艺出版社
地址:山西省太原市并州南路57号
邮编:030012
电话:0351-5628696(发行部)　0351-5628688(总编室)
传真:0351-5628680
经销商:新华书店
印刷装订:山西人民印刷有限责任公司

开本:787 mm×1092mm　1/32
字数:153千
印张:7.125
版次:2024年4月第1版
印次:2024年4月山西第1次印刷
书号:ISBN 978-7-5378-6843-3
定价:72.00元

本书版权为本社独家所有,未经本社同意不得转载、摘编或复制

赵宗彪 著

史记里的中国

山西出版传媒集团 北岳文艺出版社
·太原·

总　序

香雪是广州地铁6号线的一个终点站名。近几年，常往返于6号线上，每每听到这个报站，总觉得有味。有时拿起一张地铁线路示意图，一个个站名过一遍，唯觉得香雪这名儿富有内涵，让人遐想。

记得还是二十世纪八十年代，曾参加一次文学讲座。一位诗人教导我们如何作诗，他顺口溜出几句写雪的诗："江山一笼统，井上黑窟窿。黄狗身上白，白狗身上肿。我就去打酒，一脚一个洞……"显然，前四句是唐人张打油的《雪诗》，后面恐怕是他随意发挥的。他说这首诗，好就好在全诗没有一个"雪"字，却把"雪"惟妙惟肖写了出来。作为一个客住之人，我对粤文化所知有限，不知当地是否有咏雪的诗篇遗存；即便有，也不会太多吧。

广州是个无雪之城。每年冬天，要看雪，只有北上远行。市郊有广州海拔最高的白云山，冬天偶尔也会飘几粒雪花，但落地即融化。香雪之名缘何而来？后来才知道是萝岗有一香雪公园。旧时，广州也有"羊城八景"之说，香雪自然名列其中。

羊城人喜欢雪，就因为无雪吧。

由广州人好雪，我联想到一个有趣的问题：凡生活中没有的东西，人们总是越想得到。譬如一个美好的愿望，其实就是一种精神诱导，或叫一种心理安慰剂，尽管如镜花水月，而有，总比无好。画饼还是要的。未来是美好的，现在吃苦受累，就是为了将来。天堂并不是虚妄的。然而，经验却告诉人们，越是根本不存在的事儿，越是大张旗鼓，堂而皇之，煞有介事，以期达到望梅止渴……我是个过了耳顺之年的人，河东河西，一生也算见过不少，如要追溯这传统，恐怕比我辈年长，只是觉得于斯为盛罢了。

香雪之所以拿来做了丛书名，也是一时想不到更合适的。至于能做到多大的规模，还真不好说。唯愿读者开卷有益，也愿香雪能带给人们不一样的遐想。

是为序。

向继东

二〇二二年三月于广州

青春期的中国人
——为《史记里的中国》而写

在这样一个打开、翻检目录,竟然无书可买的年头,一本别致的小书样稿,摆在了我的案头。书的作者赵宗彪,是我多年的文字之交,不,我还看过他的许多木刻作品,喜欢得不得了。

跟他一样,在这个世界上我最喜欢的史学家,就是司马迁。自然,《史记》我也通读过。司马迁是中国人青春期的史学家,或者说,他不仅是史学家,还是思想家,更是文章圣手。古代的散文,依我看,没有超越他的。古人留下的二十五史,我说不上全部读过,但由于职业的缘故,大部分文字是看过的。前四史之下,经常有读不下去的,只得硬着头皮啃。但是,读《史记》,却是一种享受。

青春期的中国人,可能有点儿草莽之气;但是,也有着一种说不出来的冲劲,萌气,有活力,也有新鲜感。那时的中国人,即便是玩阴谋,也有可爱之处。有时候,看看汉墓砖上的画,看看霍去病墓前的石雕,当然,还有《史记》,我都会恍惚——这是中国人弄出来的吗?

司马迁是个写不完的人，我喜欢他，因为他是仗义之人，以区区太史令之身份，逆龙鳞去替李陵说话。司马迁又是一个极有责任感的人，为了他的一家之言能够传下来，甘受腐刑之苦和腐刑之辱。每每读及他的《报任安书》，我都想杀了那个被后人尊为大帝的家伙。

我必须承认，赵宗彪读《史记》，读出了好些我没有读出来的东西，他从不做文字游戏——跟当下时髦的文人做的那样。他的每篇笔记，都是有感而发，笔触所至，经常令人拍案叫绝，又会有点遗憾——怎么我没有想到！

这就是赵宗彪，一个天台山的山水滋养出来的文化人，一个见一面就可以推心置腹的人。不仅他的文字，看他的木刻作品，那一幅幅画里，分明也有文字，有思想，有能让人深思的内涵。这回，读者有福，他的画作和文字合一了；只是，肚子里没点沟壑的人，恐怕看不出里面的名堂，不过，偌大的中国，有心有志者总还是会有的，我相信，只要是个真正的读书人，看到这本小书，没法不喜欢。

张　鸣
2022年4月18日夜，于京西荒郊

目录

001 / 同谁可以讲道理

　　从伯夷、叔齐一直受追捧看，讲道理，还是中国历史的人心所向。因为讲道理的反面，是讲暴力。暴力更容易，但是，玉石俱焚之后，可能又会进入永无尽头的暴力轮回。

006 / 做明白人很难

　　世界上明白人不多。
　　为什么不多？因为人性如此，人总是自以为是，高估自己的能力而低估他人的水平。

011 / 功臣可以不死吗

　　君主们当然知道大部分臣下没有谋反之心，但是，只要臣下有了一定的能力，无论他如何表示效忠，对君王而言，最好的效忠，还是到黄泉最彻底。明朝的朱元璋一当上皇帝，立马杀胡惟庸、杀蓝玉，也是一种制度的惯性使然。为什么所有王朝发展到后来，都无一例外地衰落？因为所有的人才都在一次次的清洗中被剿灭了，剩下的都是奴才了。

016 / 改革未必就是风暴
　　人类历史上的所有改革，说到底，无非是两个目的：效率与公平。赵武灵王和商鞅的改革同样如此。改革难就难在要利益集团做出牺牲，要传统习惯发生改变。这就需要妥协、需要观念的转变。

021 / 如何才能禁锢思想
　　这一年是公元前841年，中国有确切纪年的文字历史，就是从此年开始的。我们现在的国号中的"共和"二字，即典出于此。可见，共和的实现，并不容易。

025 / 最伟大的友谊
　　理解和欣赏，是友谊长期存在的前提。鲍叔的伟大，不但在于他有知人之明、容人之量，更可贵的是，还愿意让朋友来当自己的上司而又屈身其下，甘心出让自己的二号权力之位而襄助管仲实现自己的抱负。这样伟大友谊的存在，足以照亮春秋时期三百年充满血腥杀伐的历史。

031 / 悲歌为谁而吟唱
　　死亡是人类最伟大的创造，也是所有生命都拥有的最终宿命。在这个巨大的悲剧面前，所有的人都无法逃遁。在司马迁的眼里，刘邦和项羽都是位列本纪的伟大英雄，但是，在死亡面前，同样只能吟唱悲歌。

036 / 尊严的重量

能够给人以尊严的时代,真的让人向往。所以,汉代以前的士大夫,多顶天立地的英雄。

041 / 你把生命献给谁

春秋到战国的历史,是中国人不断自觉自醒的历史。"你把生命献给谁",也成为士人们不断自我叩问的庄严话题。献给上天、君王?献给权力、荣誉?献给家族、知己?还是献给自己?各人有各人的选择。庄子的回答是,还是留给自己吧。

045 / 假如沧浪之水干涸

当沧浪之水清澈时,濯缨。浑浊,还行,可濯足。但是,当沧浪之水变成了泥浆或全部干涸,仅有一个沧浪之名了,你如果还想濯缨、濯足,不就是自赴泥沼以求死吗?

051 / 个人的战争

羊斟的战争,不是国与国之间的战争,而是一个"人"的战争,是为了捍卫自己尊严的战争,也是小人物对抗特权的战争。既然华元可以倚仗自己的职权不给羊斟羊肉吃,羊斟同样也可以凭借自己开车的职权让耀武扬威的司令官当一回阶下囚,这不是很公平吗?

056 / 信用的价值

世界上,所有的付出都会有回报。付出实惠,获得恩情;付出仇恨，收获报复。将这一铁律证诸古今，概莫能外。而一个言而无信的人，将会失去所有的朋友，留下的，只是敌人。信用的价值，也就是人的价值。

061 / 敢于失败的英雄

秦统一中国后，春秋时期的贵族精神，也从历史舞台上消失了。留下的，也只有个别人的坚守与抗争，往往也得不到社会与大众的认同，变成了个人自撞南墙式的殉道。

065 / 编个鬼话骗天下

按照书中的说法，那些帝王将相们，个个都生有异秉，都是天上星宿下凡尘。御用文人最用心写的，也都是第一代皇帝的"神迹"。不是"星宿入怀""红光万丈"，就是"异香盈室"。并不是他的后代们不重要了，因为只要证明了第一代不是人，而是天之子，是龙种，第二代、第三代无非是天之孙和龙之孙，就有了坐龙椅的合法性。

071 / 死是容易的

公孙杵白说：将孤儿抚养长大和慷慨赴死，哪个更难？程婴说：死容易，抚孤难。公孙杵白说：赵氏待您深厚，难的事就让您做吧，我去做简单的，先去死。

076 / 人间难舍是亲情

人都有他的弱点，范蠡也不例外。权力、财富他可以舍弃，但是，亲情他不会舍弃。因为亲情，他在取舍上就没能做到完美。聪明智慧如范蠡，在自己的亲人面前，也是徒唤奈何，何况他人哉！

081 / 穿越地狱的母爱
二十世纪，东西方都曾经有过一段以消灭基本人伦为手段的乌托邦时光，结果到达的，却是深深的地狱。号称礼仪之邦的中国，最有杀伤力的三字国骂，依然是侮辱他人的母亲。

086 / 世上真有圣人吗
卜式本人，倒没有那么复杂，他确实是个实在人，也是一个为国为民的好人。但是，对帝王而言，只有对他巩固皇权有用的人才是圣人，其他的，一概都没有价值。

092 / 娘家与婆家谁重要
明白人狄仁杰告诉她：如果立武承嗣为太子，将来武则天难享太庙，因为历史上还没有侄子为姑姑立宗庙、进宗祠的。如果武则天立婆家的李姓人为太子，儿子当家，父母配享太庙是天经地义，也是百代不易的宇宙真理。

097 / 君王信任谁
所有的国王都警惕任何可能对他权力构成威胁的人。对国王来说，即使是当一个亡国之君，也还是自己当更合适。所有的权力拥有者，都坚信只有自己才能做得更好。

103 / 何处是祖国

对有些人来说,祖国是用来怀念的。但是,对范雎来说,魏国是用来仇恨的。魏国想要他的命,而秦国给了他自由展示才华的机会,给了他报恩报怨的机会,给了他实现人生公平正义的机会。

108 / 别把自己当工具

能充当主子的工具,在一些人眼里,还是十分荣耀的。他们认为,出卖了灵魂,总对自己有好处。其实未必。当然,如果有些人以充当工具为使命,或者为欲当工具不得而悲伤者,那是人类中的另类,这已经超出了我的思维范围了。

113 / 忠臣的困境

晁家的鲜血成为向前滚动的历史车轮的润滑油。作为忠臣的晁错如此结局,值得吗?是改革政策过激、是人缘不好,还是自己的身份之故?如果他是一个皇族,也会被处死吗?在皇权制度下,与庸官与奸佞相比,忠臣最不安全。

118 / 弱者的公正梦

人们对侠客的企盼,实际上寄托了底层弱者对社会公正理想的追求。只是后来的所谓侠客,同司马迁时代的郭解相比,是每况愈下,只能在天空中飞来飞去,永远落不了地,侠客梦也变成了白日梦。

124 / 孔子——华美的瓷器

因为儒家强调德治为先,所以,造就了一代代的伪君子。

128 / 素封,真实的谎言

从历史看,主导社会的力量,不外是暴力(即权力)、财力和智力。文明进步的体现,是后两者起的作用越大、前者的作用越小。因为财富和智力创造,都以限制王权、尊重私产平等契约为前提,如果权力随时可以剥夺财富,富人就无法长期生存。中国历代王朝,即使和平时期,王权对富豪们的财富掠夺,也时常发生,除了权贵之家,富户很难久存。

134 / 生子当如博望侯

从历史看,我们走出国门,大多是被动的,是为了解除来自北方游牧民族的威胁。这种威胁,一直都是悬在华夏民族头上的达摩克利斯之剑。

138 / 以己任为天下

别人以天下为己任,而司马迁则以己任为天下:我是什么样子,世界就是什么样子;我不倒下,世界就不会倒下。他以《史记》,宣告了一个事实:捍卫自己生命尊严的,可以是死,更可以是完成自己的使命。

143 / 陈胜：苟富贵，易相忘
　　造神是我们历代王朝的专长。同时，苟富贵，易相忘，也是帝王们的一大传统。

147 / 赵奢、赵括：知人者智，自知者明
　　真正的仁者是在洞悉了人性的种种黑暗之后，依然满腔热情地爱所有人，以悲天悯人之宽大胸怀包容世界，并为这个苦难的人间多播撒爱的种子。

151 / 刺客：不以成败论英雄
　　为什么失败的英雄照样被人赞叹？因为不管意愿成功还是不成功，他们都有着明确的理想或目标，肩负着坚定执着的信念，勇往直前，视死如归。千古艰难唯一死。能做到这样的人，天下能有几个？

154 / 韩信：恩仇之间见度量
　　以苏秦之智，不会不知人性之阴暗与不可移，但他一笑置之。正如世事洞明的孔子所说："鸟兽不可与同群，我不同他们在一起又和谁在一起呢？"这才是真正的智者、明者、慧者和仁者。

159 / 韩非：照耀两千余年的思想光芒
　　作为一个思想家、政治理论家，韩非无疑是成功的，因为他的思想光芒烛照着中国两千多年的王权专制社会，他是所有

独裁统治者的导师和灵魂。他把人的阴暗与自私,完全暴露无遗,使人绝望。

162 / 李斯:行走在权力的刀锋上

像李斯这样的人,每个时代都有一大批。行走在刀锋上的人,唯一的祈求目标,就是不倒下。

165 / 刘邦:大风起兮我飞扬

当年的亭长或沛公,或许能沾沾自喜于偏居一隅的汉王,因为有了张良、萧何、韩信、郦食其等人,形势就完全不同了,打倒楚霸王,统一全中国,才是刘邦的理想,他当然要和项羽一决雌雄。

168 / 吕不韦:经营权力的巨贾

吕不韦在秦为相专权十二年,是秦国的实际统治者。这段时间,正是秦国军威大振、统一战争取得决定性胜利的历史阶段。可以说,吕不韦是中国历史上以个人财富影响政治进程的第一人。

171 / 四公子:四颗光芒四射的星星

从历史长河看,当纷繁复杂的争斗已成过去,得失成败化作烟云之后,留给后人的,往往是参与其事的人物,他们就像夜空中大大小小灿烂的星星,点缀着历史的天空。战国四公子们所毕生致力的事业,最后都在强秦的铁蹄下化为尘埃,但他们的名字,却永远照耀在历史的星空上。

175 / 萧何:一代名相垂千古

　　战将们不服,认为萧何不过是舞文弄墨的人,又未披坚执锐拚杀疆场,不应赏大于功。刘邦不屑地说:打猎的时候,追杀兽兔的是狗,而指示兽迹的是人。你们不过是有功之狗,至于萧何,则是有功之人。

178 / 附录:朝圣司马迁十日记

206 / 后记

同谁可以讲道理

伯夷与叔齐在中国历史上，都是正面人物。之所以是正面人物，原因有一个：他俩都非常讲道理。当然，这一条，对一般人而言，是理所当然的"宇宙真理"；但是，对有些人而言，则如登月飞天般艰难，关键还是身份问题。

这两个讲道理的兄弟，是商王朝中的邦国孤竹君的儿子，是"官二代"，分别是老大和老三，特权阶级的人。不知什么原因，他们的父王表示，不想让老大伯夷接班，而想将大位传给叔齐。君王没有退休一说，常是干到生命的最后一刻。孤竹君去世后，臣子们按照君王的意志，让叔齐接班当国君。但是，叔齐不干，他认为做人要讲更大的道理：由老大伯夷接班，这才是天理。老大伯夷说，你接班，"父命也"，违不得，于是他逃走了。听说哥哥逃了，叔齐也丢掉王冠跟着逃。没办法，臣民们只好推举老二当了国君。这个国君叫什么名字，《史记》没有记载，按照"伯仲叔季"的排列，估计是叫仲什么的。

这对讲道理的兄弟后来跑到了一起，觉得回家不好，容易影响稳定的大局，那到哪里去呢？听说周国在西伯的正确领导下，凡事讲道理，人民生活安居乐业，很适宜养老。哥俩一合计，就启程投奔，一路向西。

刚到周国的边境，就遇到了迎面而来的周国军队。原来，西伯已经去世，谥文王，儿子姬发继位，称武王。武王正率领军队浩浩荡荡地向东进发，但不是来迎接两个王子，而是去讨伐商帝国的首领纣王的。行进的兵车上，供着文王的木主。伯夷、叔齐兄弟问明原因后，大惊，坚定地挡在武王的马车前，向他讲道理：老爸死了还没有安葬却出兵动武，这是孝道吗？以臣下的身份却去讨伐帝王，这是仁政吗？

武王的护卫们准备杀了他们。武王的高参姜太公很讲道理，他说："此义人也！"让护卫们将哥俩扶走，大军继续前进。后来，武王推翻了商纣王的暴政统治，建立了周朝。这是公元前1046年的事，距现在也有三千多年了。历史上将此事与公元前1600年的商汤代夏合称为"汤武革命，顺乎天而应乎人"。"革命"一词，即出于此。

在天下百姓欢庆胜利的时刻，伯夷、叔齐兄弟却在做艰难的选择：都已换了人间了，是做个好臣民服从周天子的领导，还是另起炉灶坚持自己的道理？

兄弟俩认为，做人必须讲道理，这个以暴易暴得来的政权是不义的，没有道理。他们反对暴力，作为前朝的遗民，有权力采取和平的不合作态度。但普天之下，莫非周土。为了和现政权划清界限，他们不但不出仕，而且"义不食周粟"，逃避到首阳山上隐居，"采薇而食之"，结果饿死在首阳山上。

关于兄弟俩是如何饿死的，有两种说法。一种是，因为长期吃野菜"薇"造成营养不良，使俩兄弟死亡。"薇"，《现代汉语词典》认为是巢菜。另一种说法是，同样为遗民的人来到首阳山，对兄弟俩宣讲政策：你不食周粟很好，有气节；但是，现在全国的土地与人民都是周朝姬发家的了，这座首阳山也是了，山上长的薇、流的水，包括呼吸的空气，也都是周朝的。您俩看，怎么办？哥俩一听，有道理，于是薇也不吃，水也不喝，最后也就停止了呼吸，以死亡的方式，同周武王讲了最后一次道理。

从孔子开始，后人给这俩兄弟的礼遇非常高。孔子目之为"仁圣贤人"，赞叹俩人"求仁得仁"。《史记》中，列传的开篇就是《伯夷列传》，司马迁誉之为"善人""洁士"。汉以后，立祠致祭者，代代相传，兄弟俩成了上下普遍尊崇的非暴力抵抗的道义英雄。这说明，即使大多数政权也是以暴力取得的，但是，对社会而言，凡事要讲道理，即使是习惯讲暴力的君王们，对此也还是认同的。

人要讲道理，这没错。但是，讲道理需要条件。第一个条件是，双方首先要有共同认定的道理。否则，鸡同鸭讲，永无结论。当时兄弟俩之间讲道理讲不到一块儿，是因为伯夷认为，父命是理，而叔齐认为弃长立幼无理。而兄弟俩与武王的分歧在于，面对商纣王的暴政，前者认为，讲道理只能以和平的方式进行；后者认为，当和平无法解决暴政时，拿起武器反抗，才是最好的讲理。第二个条件是，讲道理的双方要平等。第一次兄弟俩在自己的地盘上讲道理，大家都平等，所以有成果——以放弃王

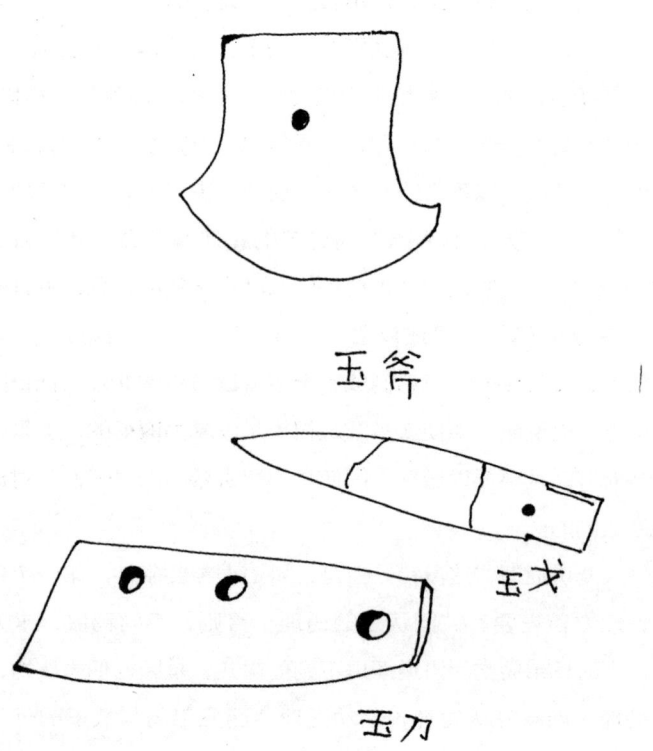

位来证明自己的道理正确,且最终赢得了道义上的胜利。第二次兄弟俩在别人的地盘上拦车讲道理,因为不平等,差点儿送了命。最后,时代变成了周王朝,原来的王子兄弟成了平民,国王与臣民之间的不平等,导致说不成理了,兄弟俩只能以生命捍卫讲道理者的最后尊严。

同谁可以讲道理?除了前面两个条件之外,还得有一个更前置的条件,那就是,只能同愿意讲道理的人讲道理。如果拥有特权者只想讲特权,那就无理可讲了。从伯夷、叔齐一直受追捧看,讲道理,还是中国历史的人心所向。因为讲道理的反面,是讲暴力。暴力更容易,但是,玉石俱焚之后,可能又会进入永无尽头的暴力轮回。

不妨听听,鲁迅《阿Q正传》里,阿Q和赵白眼们那熟悉的声音:

洪哥,我们动手罢!

做明白人很难

认识这个世界,与认识自己,事实上是同一回事。自己与世界,是互为镜像。许多人终其一生,也没有完成这一任务。不过,不认识更妙,糊涂本身就是聪明人所追求的至高境界。从幸福度上说,做明白人并不合算。

但是,作为一个君主,必须做一个明白人;否则,会把事情弄糟。从战国时期的形势看,凡是明白人当家的,王国就长命。晋国原是大国和强国,后来,君主糊涂了,就被韩、赵、魏三家瓜分了,变成了三个王国。魏国的国君魏文侯算是明白人。他最大的优点是重视人才——不是君王们品德好,而是形势逼人,没有办法。我们非常熟悉的装疯卖傻将巫婆丢进河里治邺的西门豹,就是给魏文侯打工的。

说起来,魏文侯还是蛮有远见的。以国君之尊,他师子夏,友田子方,敬段干木,赢得了很好的社会声誉。因为这三个人,是当时有名的知识界大佬,在各诸侯国都很有号召力。

一般来说,物以类聚,国君是明白人的,他的手下明白人就多;国君不是明白人的,下面就不会有明白人,即使有,怕脑袋落地，也不大敢明白，认定多叩头、少说话安全，乐得装糊涂。

公元前405年，魏文侯想任命一个丞相。他有两个候选人：魏成子和翟璜。魏文侯觉得俩人都很好，一时拿不定主意。他认为部下李克是明白人，就向他请教。

李克听说是当这种参谋，而其中的一个人选魏成子就是国君的弟弟，马上推辞：我听说"卑不谋尊，疏不谋戚"，我不是皇亲国戚，参与丞相的人事讨论不合适。魏文侯诚恳地说：请先生不要谦虚推辞，还是说说您的看法。李克说：了解一个人其实并不复杂，只是君王您没有注意到罢了，平时看他和哪些人交往，富裕了看他如何花钱，当官后看他推荐了什么人，没官当了看他不做什么，贫穷了看他不取什么。这五个方面，是可以反映一个人的真实面貌的，哪里要等我来讨论呢？魏文侯是个明白人，一点就透：谢谢先生，请您回去吧，丞相的人选我已定下了。

李克从王宫出来，就直接去了翟璜的家。翟璜问：听说今天国君召见先生，请教丞相人选的事，确定了吗？李克说：魏成子当丞相了。翟璜愤然作色说：以我们所看到的听到的所有事情，我有哪一样干得比魏成子差？西河的太守，是我推荐的。国君认为邺城难治，我推荐了西门豹。君王想讨伐中山国，我推荐了乐羊，果然就攻取了；又缺乏人守卫，我推荐了先生您。君王的太子没有好老师，我推荐了屈侯鲋。这些事情，哪一件不是好事？我怎么比不上魏成子？李克说：您说的推荐我当官，同推荐丞相是两码事。君王问我的是丞相人选，我只提出了五个考察标准，没有说谁合适。但是，对照这五个标准，肯定是魏成子胜出。您能同魏成子比吗？他的俸禄有粟千钟，十之九是给予别人的，自家只留下一份。所以，东方的卜子夏、田子方、段干木都来投奔他。这三个人，君王都以师长的礼遇对待。您所推荐的五个人，不过都是君王的臣子。您哪能同魏成子相比呢？翟璜听后，逡巡再三，向李克道歉道：我翟璜是一个没有见识的人，多有冒犯，请多多原谅，我愿意终生做您的学生。

事实上，李克所说的识人之法，不过是生活中的常识判断而已。那些为女儿择婿的准丈母娘们，也同样会做的：女儿找对象的时候，老妈就会四处打探男方的各种信息——他的家庭、单位、朋友、经历，这其实就是一种了解人才的途径；但是，往往是位高权重者们，终日沉浸在谀词语境中，以致失去了正常的判别能力。

魏文侯的孙子魏惠王执政的时候，卫国的公孙鞅在魏国权臣公叔座门下做事，很受公叔座的赏识。公叔座病危的时候，魏惠王去探望，问他：万一您有不测，魏国怎么办？公叔座说：我门下的公孙鞅是个奇才，希望您治国方面全听他的。魏惠王不以为意。公叔座又说：如果您不用他，就杀了他。魏惠王以为公叔座生病昏了头，净说胡话。后来，这个公孙鞅到了秦国，受到重用，厉行改革，使秦国成了强国。最后，秦军在他的率领下进攻魏国，大破魏军，魏王不得不割地求和，并迁都大梁以避秦军锋镝。直到这时，魏惠王才后悔莫及：我恨自己当初没有听公叔座的话啊。这个公孙鞅就是后来大名鼎鼎的商鞅。魏国的君主，真是一代不如一代。

这样的事，历史上从来不会是孤例。

公元前645年，齐国的名相管仲病危，齐桓公专程去探望，并询问他对丞相继承人的看法。管仲谦虚地说：知臣莫如君，还是您自己确定吧。桓公问：易牙如何？易牙这个人，因为桓公说了句不知人肉滋味，居然回家将儿子杀了，蒸给桓公吃。管仲说：杀子以讨好君王，有违人情，不合适。桓公问：开方这人怎么样？开方是卫国的公子，到齐国侍奉齐桓公，在长达十几年的时间里，从未回国看望母亲。管仲说：背亲以讨好君王，有悖常理，远离他。桓公问：竖刁如何呢？竖刁为了接近齐桓公，自我阉割做了太监。管仲说：自宫以讨好君王，违背人伦，不可亲近。不过，同魏王不同，齐桓公在管仲死后，竟反着他的意见办事：特别亲近重用易牙、开方、竖刁三人，结果奸佞当道，国是日非。一代英主，从英明走向了昏庸。桓公死后六十多天仍然没有入殓，因为儿子们还在为争夺王位而相互残杀，以致桓公的尸体腐烂生了虫，虫都爬到了宫门外。此后，齐国开始走向衰落。

世界上明白人不多。

为什么不多？因为人性如此，人总是自以为是，高估自己的能力而低估他人的水平。本来，爱子女胜于爱别人，爱父母胜于爱别人，爱自己胜于爱别人，都是最基本的人间伦理。对那些违背常理的人，自然得小心；而凌驾于众人之上的君王，最易高估自己，以为自己是"天之子"，而将任何于己有利的反常当作正常，从而失去正常的判断能力。

自己不明白也没事，可以问明白人，再去弄明白，如魏文侯。但是，大部分人一不会去问明白人，二即使问了，也故意反其道而行之，坚信我的地盘我做主，坚信自己总是正确的，如魏惠王、齐桓公，都以为自己不是人，而是天上星宿下凡尘呢！所以，我们所看到的世界，依然还是妙趣横生和啼笑皆非的。

功臣可以不死吗

中国的历史,每一页都沉浸在鲜血中。频繁的改朝换代中,常常有两个血腥的时期无法避免:一是王朝更替之际,各个利益集团之间,刀枪相对,陷入连年的征战,死者相藉,流血漂杵;二是新王朝建立了,王朝内部,帝王又举起了屠刀,开始对功臣的清洗,往往又是血雨腥风。

对于前者,人们都会理解。即使是没多少文化的人,也认为"打天下"是要死人的;但是,既然"天下"已"打"下了,为什么还要屠杀呢?

这是因为君王和臣民的思维是不一样的。立场不同,利益不同,观点就不同。

清朝的文学家蒲松龄撰写过一副有名的对联:"有志者,事竟成,破釜沉舟,百二秦关终属楚;苦心人,天不负,卧薪尝胆,三千越甲可吞吴。"它讲的都是《史记》中的故事,前者说项羽破秦,后者说勾践灭吴。从历史看,后者的成功更艰难,也更不易。

当年,吴、越两国在长期争霸中互有胜负。但是,就总体国力而言，明显是越弱吴强。公元前494年，由于勾践的盲目轻敌，吴、越交战中，越国惨败。在亡国灭种的关键时刻，由于越国大臣文种卑辞厚礼的游说，吴王夫差终于同意勾践称臣投降。勾践在吴国为质两年，深以为耻。后来，勾践在文种、范蠡的帮助下，忍辱负重，发愤图强，终于在公元前473年灭了吴国，实现了"越兵横行于江、淮东，诸侯毕贺，号称霸王"的意愿。

在举国欢庆胜利的伟大时刻，为勾践服务了二十年的范蠡悄悄地离开了越国，北上齐国做商人去了，后来成为首富"陶朱公"。他给文种写了一封千古传诵的信："飞鸟尽，良弓藏；狡兔死，走狗烹。越王为人长颈鸟喙，可与共患难，不可与共乐。子何不去？"

文种以为是范蠡多心了，于是请了病假不上班。这时，有人不失时机地向越王进谗，说文种要作乱，于是越王顺水推舟地赐属镂宝剑给文种：你曾经告诉我伐吴的七个策略，我只用了三个，就消灭了吴国，还有四个在你心里，希望你到我父王那里去施行吧。文种只好拿了属镂剑自杀，到地下去为勾践的爸爸允常服务去了。

此后两百多年，汉高祖刘邦又重演了一场兔死狗烹的历史活剧。

按照刘邦自己的说法，他之所以能够"坐天下"，是因为他有三个主要帮手的缘故："夫运筹策帷帐之中，决胜于千里之外，吾不如子房（即张良）。镇国家，抚百姓，给馈饷，不绝粮道，吾不如萧何。连百万之军，战必胜，攻必取，吾不如韩信。此三者，皆人杰也，吾能用之，此吾所以取天下也。"但是，这三人，除了张良在刘邦当皇帝后立即自请告退，百事不管，才得以免遭祸患，另两个都没有好下场。

萧何虽然是刘邦寒微时的老上司、老朋友，也是其铁杆的追随者，刘邦甚至承认萧何"功第一"，封其为丞相，"赐带剑履上殿，入朝不趋"。但即使这样，刘邦也一直对他心存疑虑，总怕他有异心。为了自保，萧何不得不自污其名，违心地利用权力强买田地，"赢得"了百姓的背后诅咒和拦路告御状，这才让刘邦龙心"大悦"。为了活命，他在韩信的生死问题上，落井下石也站在了小人立场上。后来，萧何向刘邦提了一点合理化小建议，刘邦马上翻脸将老迈年高的丞相关进大牢，羞辱了一通。萧何虽然保住了老命，但是处境岌岌可危，从此再也不敢提意见了。他的住宅，选在偏远之地，不敢奢华，也不敢筑高屋打围墙。如此谨小慎微，总算换得了个善终的结局，死后还谥为"文终侯"。

而为刘邦立下最大战功的韩信，却没有如萧何那样谨言慎行，或因为功高震主，或因为他所具有的军事天才，而落得个身首异处的下场。事实上，韩信的谋反，一直是个疑案。他原先因为战功被封为齐王，后来，刘邦怀疑他谋反，将他抓了起来。他当面就对刘邦发牢骚：果如人言，"狡兔死，良狗烹；高鸟尽，良弓藏；敌国破，谋臣亡。天下已定，我固当烹。"刘邦拿不出他谋反的证据，只好暂时饶他一命，将他从齐王贬为淮阴侯。韩信知道刘邦对他不放心，就常常称病不上朝，也语露怨气。最后，还是由刘邦的老婆吕雉出面将他杀了，并且"夷信三族"。听到韩信的死讯时，刘邦"且喜且怜之"。

翻看中国的历史，功臣必须死，似乎是一个宿命。专制政权为了巩固独裁，只得无休止地制造敌人、制造恐惧，因为所有的专制体制，上下级之间永远缺乏信任。这同君主的长相是否"鸟喙"没有任何关系。古今中外，君主都害怕他人，就连他们的子女也不会信任。君主们当然知道大部分臣下没有谋反之心，但是，只要臣下有了一定的能力，无论他如何表示效忠，对君王而言，最好的效忠，还是到黄泉最彻底。明朝的朱元璋一当上皇帝，立马杀胡惟庸、杀蓝玉，也是一种制度的惯性使然。为什么所有王朝发展到后来，都无一例外地衰落了？因为所有的人才都在一次次的清洗中被剿灭了，剩下的都是奴才了。

秦末的那个青年农民陈胜曾对同伴们说"苟富贵，勿相忘"，但是在大泽乡起义并自封为王之后，当年的伙伴们真的来了，结果他们等来的不是富贵而是送命。因为旧时伙伴知道他的底细，言谈过去的旧事有损于他的形象和权威。项羽一脚踢开亚父范增，也是出于同样的原因。陈、项之所以没有成功，大约也是因为狡兔还在跑的时候，就开始烹走狗了。

"狡兔死，走狗烹"是所有专制王朝无法逃脱的铁律，只有宋朝因为以和平演变取得政权，有点例外。宋太祖赵匡胤以"杯酒释兵权"的办法解除了功臣们的武装，以便自己可以安睡。但是，其本质是一样的，只是他用的是温柔乡，别人用的是屠刀。

而且,他的后代子孙,还是依照铁律办事,杭州西湖边的岳飞墓,就是最好的证明。

功臣当然可以不死。不死的条件仅仅是,国家没有了专制的君王。

改革未必就是风暴

纵观历史长河，改革是文明进步的催化剂。大部分的改革，都推动了社会的进步，促进了民众的福祉。但是，改革每次都非常艰难。一是所有的改革，都会遭到既得利益集团的强烈反对。因为改革是对社会资源的重新配置，如果让既得利益者对改革投票，一定支持票少反对票多。所以，改革需要由大智大勇者担当。二是宏观的改革都需要顶层设计。没有君主的支持，改革就不可能实施。

世界上的事情，大凡并不能因为目标美好，就可以不择手段。目标和实现目标的手段，都需正义。我们不妨从两千年前的两个改革案例来看看，手段与目标之间究竟是什么关系。

胡服骑射的赵武灵王是赵国的第六位君王，一共在位二十七年。他亲政初期，赵国是一个烂摊子：国小民弱，在和其他诸侯国的交往中没有多少话语权，周边形势也不好：中山国一直是心腹之患，北方燕国虎视眈眈，东边有东胡为敌，西部有与林胡、楼烦、秦国、韩国的边界纠纷，赵国长期处于被动应付的困局之中。

公元前307年,赵武灵王召开了为期五天的大臣会议,商讨国家大事。会议一结束,他立即带领大臣们到赵国各地巡查。巡察结束,赵武灵王发表了重要讲话:形势在不断变化,我们已经落后于周边王国了,对付强邻,我们也没有足够的军事力量。我认为,必须移风易俗,坚决放弃宽袍博带的华服,改着胡人窄袖紧身的"胡服";放弃兵车作战,改革军事,学习游牧民族的单骑射箭。要建设一流的军事强国,必须"胡服骑射"。

不料,赵武灵王的意见只得到大臣楼缓一票的赞同。但是,年轻的国君有的是时间,等得起。他向大臣肥义反复说理、动员,终于又得到肥义的一票。为了给人以直观的印象,君王自己带头在上朝时穿起了胡服。

赵武灵王的叔父公子成在国内位高德尊,但对"胡服骑射"的改革路线也不理解,认为这是对传统的颠覆和亵渎;今见君王居然穿胡服上朝,他更加生气了,就装病不上朝。面对坚定的反对声音,赵武灵王有两种选择:一种是硬的,令行禁止,严格执行改革,不支持的,一律丢帽子或砍脖子;一种是软的,继续做工作,转变他们的想法,争取更多的支持。

赵武灵王采取了后者。他亲自上门探望装病的叔父,从严峻的诸侯国之间的形势说到落后的国内工作,从历史的传承说到当代的潮流,说明了改革的紧迫性、必要性、可行性,终于得到老叔父的赞同。赵武灵王趁热打铁,马上命人给公子成送来了胡服。第二天,公子成就穿着胡服上朝了。

公子成一带头,大部分臣子就都改穿胡服了。但是,仍然有赵文、赵造、周袑、赵俊等大臣想不通。有人说，再想不通，就按敌对势力对待。赵武灵王坚决反对。他认为，认识有先后，不管支持或反对"胡服骑射"，都是出于对赵国的热爱，都是君王的拥护者。所以，赵武灵王依然不厌其烦地去做思想工作，说明师古不足以制今，变是永恒的，想要不落后，只有变。赵武灵王的耐心和诚心终于打动了所有大臣，他们也都开始支持改革大计。核心统治集团思想"通"了，接下来便是举国皆通。于是，赵国上下，一变原有的宽袖大袍，改穿更加方便的胡服；对外开放，引进游牧民族的骑兵当教官，学习先进的军事技术。

"胡服骑射"的改革终于成功了，因为赵武灵王的妥协和温和，赵国没有流血，也没有产生内讧。赵国因为此举，终于成为北方的军事强国。

同赵武灵王相比，在历史上影响更大的另一次改革，是稍早一些的公元前359年商鞅在秦国的军事改革。他实行了编伍和连坐制，告密、赏耕战、宗室无功不得封赏等严刑峻法，实现了秦国的空前强大。商鞅共执秦政二十一年，为一百多年后秦国最后的统一大业奠定了军事与经济基础。

不过，商鞅的改革，是采取疾风暴雨的方式，通不通三分钟，得罪了太子等人。所以，当秦孝公一死，太子继任，马上以谋反的罪名追杀他。最后，商鞅被车裂，全家被消灭。

人类历史上的所有改革，说到底，无非是两个目的：效率与公平。赵武灵王和商鞅的改革同样如此。改革难就难在要利益集团做出牺牲，要传统习惯发生改变。这就需要妥协、需要观念的

赵武灵王塑像

转变，求得更多人的支持。赵武灵王做得比较成功，他不是采取疾风暴雨的方式，而是亲自上门，说服教育，以理服人，让大臣们有一个适应的过程。事实上，他完全有条件用不服从即杀戮的血腥手段。所以，他的改革成果明显：赵国虽小，却是六国中唯一可以与秦国旗鼓相当对抗的军事强国。于强国而言，商鞅的变法目的当然正确，但是，他所采取的手段，未免过激：太子犯法，对太子的两个老师公子虔和公孙贾都动了肉刑：一个割了鼻子，一个黥了脸面。原先有数以千计的国人讲新法不好，后来过了十年，这些人又说新法好。本来这也是正常的事，但是，商鞅却将这些支持者全部充军到边疆以示惩罚。从此以后在秦国，谁也不敢再议论改革了。这于改革和商鞅本人，其实并不是好事。所以，等到太子一上台，商鞅自然在劫难逃。其他的改革如吴起变法、晁错变法，变法人最后都被杀，这与他们一味地相信铁血而舍弃妥协有关。

改革，都是不得不改，就像所有的动物进化，都是不得已的选择。赵国、秦国不改革，就要被周围的王国消灭。没有效率，会被淘汰；没有公平，不会持久。所以，朝着这两个永恒的目标，社会总会不断向前，就像大河总要东流一样。

对一个人而言，他的生命总有一天会完结；但是，他当时开创的事业得以延续，一定程度上也可以说他的生命依然鲜活。因此，对赵武灵王、商鞅而言，他们虽然已死去两千多年，但是，在我国的服装、骑兵的样式、两千年中央集权的体制里，都依然晃动着他们的影子。

如何才能禁锢思想

如何才能禁锢思想，这是所有专制政权非常关心的问题，也是一个世界性难题。几千年来，历代君王尝试过种种可能的解决方法，但思想如黄河之水滔滔不绝，最后都没有彻底解决这个难题。

当然，中国传说中的黄帝、尧、舜等圣贤之辈从不如此，按照一些历史学家的分析，因为那时是氏族社会，而且还是民主社会。夏商以后是周，都是分封建国的时代，但是，民主与专制，似乎并未定型，只同君王的喜好大有关系。真正从制度上实施君王专制集权的，当从秦始皇开始。

周厉王姬胡是周王朝的第十位君主。这位君王从公元前877年开始当政，到公元前828年归天，一共在位五十年。在周朝的近八百年中，是统治时间超过五十年的三个君王之一。如果以现在选举制中的一届五年算，他连任了十届。也是狠人。

按照《史记》的说法，这位"王行暴虐侈傲"，也就是他什么都自己说了算，听不进不同意见，自以为是，作风专横，生活奢侈。简而言之，就是"暴政"，弄得大家日子都不好过。大臣和民众当然要议论和谴责。姬胡他老人家非常不高兴百姓对自己的政策和行动说三道四，认为百姓是一群刁民，专门攻击君王，实际上是想造反。只要有人举报，就一刀咔嚓掉，让他永远不说话。凡是担心他人议论自己的，总是越疑心越害怕，到最后就会发现全世界的人都是自己的敌人。姬胡先生到了后来，变本加厉，禁止人们"偶语"，也就是在公共场合不能两人以上在一起说话，因为在一起一说话，就有攻击君王的嫌疑。咱们群众有智慧，以后路上碰到朋友熟人了，只眨眨眼睑、翻翻眼珠，就是不说话，算是打了招呼了。当然，最苦的，恐怕是恋爱中的男女，不能说话，仅靠送秋波，怎么进行交流？但是，厉王知道了，非常高兴：终于听不到议论他的"杂音"了！

议论禁锢了，议论他的"杂音"消失了，厉王听到的，只有"就是好呀就是好就是好"之类的赞歌，但是，思想并没有被禁锢住。最后大家将他的独裁暴政推翻了，由大臣执政，号称"共和"，就是凡事大臣们商量着办，有不同意见当众辩论，不由君王一个人说了算。这一年是公元前841年，中国有确切纪年的文字历史，就是从此年开始的。我们现在的国号中的"共和"二字，即典出于此。可见，共和的实现，并不容易。

但是，姬胡先生并没有下台。因为那时的人们善良淳厚，认为君王是天神的代表，不能随便处理，只要他不作恶了，就让他继续坐在台上吧，当个好摆设。所以，名义上他还是君王，只是不再让他说了算。直到十四年后，他死去为止。

厉王姬胡先生以后，这么干的人少了。因为历史的发展，按照正常的人性逻辑方向，是人更加自由，思想更加解放，文化更加多元，如果朝相反的方向努力，一是很累，二也不持久。但是，天下从来都有胆大包天者。四五个世纪后，卫国人商鞅就到秦国这么反向干了。

前期的秦国是周分封邦国西北的一个小国，文化上相对于东方中国，比较落后，中原地区均以"戎狄"视之，也不大为诸侯国看得起，虽然这些国君都是堂兄弟或表亲，但大家都不愿认这门亲戚。公元前362年，二十一岁的嬴渠梁先生当上了秦国的最高领导，史称秦孝公。这个年轻人咽不下被人轻视这口气，决心改变落后面貌，要做分封邦国中先进的代表。这时候，急欲出人头地的卫国小青年商鞅（此时尚叫卫鞅）刚好也到了秦国，俩人一拍即合，开始了富国强兵的大业。

根据《韩非子》记载，商鞅的改革文件大致有：取消贵族特权，奖励耕战，实行严密的户籍制度、告密制度，燔《诗》《书》而明法令。这些以强兵为目标的改革措施中，"燔《诗》《书》"为首创，比周厉王更加严厉，目的就是为了统一思想、消灭思想，最后实现一个国家只有君王一个大脑思考的目标。不过，这些办法短时间内还真的有点儿用，商鞅变法十八年后，秦国已经从没人理睬的边疆小国，变成了没有文化却有强大军队的、人人惧怕的"虎狼之国"。

商鞅那套消灭文化、消灭思想的做法，得到了韩国公子韩非子的高度赞赏，他在总结了商鞅的经验之后认为，对于君王最有利的国策是：独裁，强兵，愚民。为此，"明主之国，无书简之文,以法为教;无先王之语,以吏为师"。最终实现"太上禁其心,其次禁其言,其次禁其事"的目标。韩非子的这些思想传播后,在东方诸国都没有市场,但是却在秦孝公的后代嬴政(也就是后来的秦始皇)那里找到了知音。公元前233年,秦始皇终于以攻打韩国的方式得到了韩非子,一交谈,引以为知己。虽然后来韩非子被杀,但是他的学说,在他的同学李斯和秦始皇不遗余力的推广下,得以在秦国从理论变成了完全的现实。

秦始皇统一六国后,继续实行以韩非子理论指导全国人民的思想。原来只在西北一隅实施的措施,现在得以在中华大地实行。李斯认为,对君王的法令无论支持还是反对,凡是议论,都有损君王的权威,必须彻底铲除。而各国的历史文化典籍,都必须统统烧毁。"有敢偶语《诗》《书》者弃市(即杀头)。以古非今者族(即灭族)。吏见知不举者与同罪。令下三十日不烧,黥为城旦(脸上刺字终身当劳改犯)。"于是,中国的大江南北,开始升腾起焚书的火焰。中国的绝大部分文化典籍,都被付之一炬。

嬴政和李斯的这一做法,后代不同立场的人都有各自的说法。大部分人认为,这是对文明的倒行逆施,也有小部分人认同;但"坑灰未冷山东乱,刘项原来不读书",是比较典型的评价。以敝家乡的土语而论,这是"绝后代做"。民间语言往往一语中的。看看历史上的商鞅、嬴政、李斯这三个人的结局,果然。

最伟大的友谊

君臣、父子、夫妻、兄弟、朋友为人之五伦。孟子认为，人伦中的双方都要遵守一定的规矩。父子之间有骨肉之亲，君臣之间有礼义之道，夫妻之间挚爱而又内外有别，老少之间有尊卑之序，朋友之间有诚信之德，这是处理人与人之间关系的道理和行为准则。五伦之中，君臣、父子、夫妻、兄弟的关系，大部分情况是被动的：人一般难以脱离现有的君臣关系，夫妻当然可以离异，但是终归不多，父子、兄弟更是天生的，无法改变。我以为，人间最好的关系，还是朋友，因为可以自由地选择，双方都平等。

关于朋友的故事，管仲与鲍叔最让人感动。他们的伟大友谊，使我们有了足以让人自豪的成语"管鲍之交"。这是友谊的典范。

哥俩都是齐国人。齐国是当时国际上的贸易大国，商业发达。年轻的时候，他们合伙做过生意，出资出力都一样，但每次分红的时候，管仲都会多拿一些，伙计们有意见，鲍叔却说，不是管仲贪心，而是他家里穷，负担重，需要多拿点儿。后来，管仲过意不去,单干了,结果反而大亏。鲍叔又劝慰他:不是你不够聪明,而是机遇不好。管仲曾当过三次官,三次都被上级罢免了,弄得灰溜溜的,但鲍叔依然坚信,不是管仲能力有问题,而是官运不济。更不可思议的是,管仲当兵打仗的时候,并不勇敢,鲍叔认为,这并不表示管仲怯懦,是因为他惦记着家中老母无人赡养。人间有如此的知己,真是天下一绝了。

齐国这个东方大国,出的国君和人物,都特别有个性,都有点憨,都有点儿脑筋不转弯。当时的国君齐襄公诸儿(诸儿是齐襄公本名),因为好色、失信、乱杀人,导致国政日非。看到国内乱糟糟的,襄公的兄弟们纷纷跑到外国去政治避难。二公子纠的外婆在鲁国,就去了鲁国,作为他师傅的管仲、召忽也跟着去了。三公子叫小白,逃到了莒国,小白的师傅是鲍叔,也紧跟前往。一对挚友,跟了不同的主子。

不久,齐国果然发生内乱,齐襄公被弑,公孙无知继承了王位。只是血腥得来的宝座不牢靠,没过多久,公孙无知又被人杀了。一时间,齐国的权力出现了真空。得到消息,有条件接班的公子纠和公子小白,在鲁、莒两国的支持下,带领所在国的军队快马加鞭地回国。此时,谁的马快,谁就可能当国君。鲁国国君头脑会拐弯,为了消除竞争,在派兵送公子纠回国的同时,让管仲带兵到小白回国的必经之地设伏,务必杀死政敌。此计果然有效,管仲终于等到匆匆回国的公子小白,一举消灭了他的卫队,并弯弓拉箭,射中了小白的带钩,小白装死,躲过了一劫。得到小白已"死"的报告,鲁国国君大喜,就陪着齐国的候任国君公

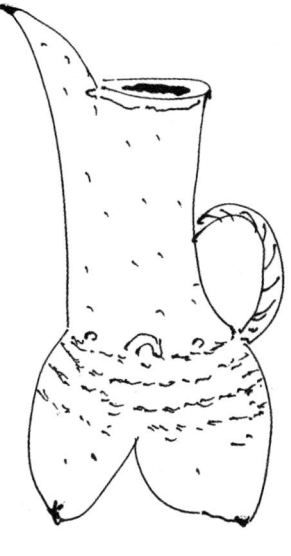

龙山文化
红陶鬶

子纠，带领军队，排排场场、浩浩荡荡一路欣赏景色，不慌不忙地向齐国进发。

待到了齐国国境乾时这个地方，却遭到齐军的迎头痛击，毫无防备的鲁军一败涂地，还被断了退路。原来，公子小白装死之后，知道情况危急，立马换了一辆马车，一路狂奔回到国都，在大臣高傒等人的支持下，顺利地坐上了齐王的宝座，史称齐桓公。齐桓公给鲁君写了一封信：纠是我的哥哥，我不忍下手，请你杀了。他的两个随从召忽和管仲是我的仇人，我要亲自将他们制成肉酱。你不照办，我就灭了鲁国。齐强鲁弱，鲁国国君只好在笙渎杀了外甥公子纠。召忽不愿回国受辱，自杀了。鲁国将管仲装上了囚车，送往齐国。

这时的鲍叔作为齐桓公的师傅，正是君王跟前的红人，他当然知道老朋友的遭遇，也知道齐桓公的心思。在囚车刚从鲁国出发的时候，他便不顾自己安危，向齐桓公进言：

我非常荣幸地跟随着您，您也成了国君。您是一国之尊，我的能力已无法让您得到更高的荣耀。如果您想把齐国治好，只要有现在高傒和我帮助就足够了。如果您想称霸天下诸侯国，那么，则只有得到管仲才行。管仲是国宝级的人才，您千万不可错过。管仲为什么要射您一箭？不是他和您有冤仇，而是对他的主人公子纠尽忠，您千万不能计较。现在他的主人死了，他的同僚召忽也自杀了。为什么管仲没有自杀以显示自己高贵的气节？我明白管仲，他知道自己可以为齐国做出更大的贡献，他不愿意为了这些空名牺牲自己的生命。他还在等待时机，而这个机会恰恰需要您给予他!

好在齐桓公是个明白人,也有称霸天下的野心,对自己的老师也尊重,所以,就听从了鲍叔的建议,赦免了管仲,并且派鲍叔去迎接。后来任命管仲为相、为上卿,即齐国的二号人物,举齐政以听之。而鲍叔又和高傒、隰朋等旧大臣一起,心甘情愿地当管仲的配角,一起为振兴齐国而奋斗。管仲果如鲍叔所言,是个人才,"不慕古、不留今、与时变、与俗化",在各个领域都进行了开拓性的全面改革,使齐国成为诸侯国中唯一的军事、经济、文化强国,国人也达到了"上下能相亲"的和谐境界。齐桓公当然也当了天下盟主和霸主,成为地球东方风头最劲的强人,以致后人常常为拥有高度文明的齐国没有能最后统一中国而叹息。

管仲生年不可考,死于公元前645年,他去世后九十多年,孔子出生。尽管世间普遍认同管仲是"贤臣",但孔子对管仲的评价不高。孔子认为,管仲应该让天下人都崇敬周王室而不是让齐桓公当霸主。倒是梁启超的评价比较中肯:"管子者,中国之最大政治家。"

可以说,没有管仲,就不会有齐国的强盛。当然,没有齐桓公的信任,管仲的才华也无施展的舞台;但是,更关键的人物,还是鲍叔,如果没有老朋友的极力保荐,管仲早就顺理成章地做了刀下之鬼,而且没有一个人觉得他有什么冤枉。

鲍叔因为对管仲的举荐,在齐国享有崇高的威望。他的"子孙世禄于齐,有封邑者十余世","天下不多管仲之贤而多鲍叔能知人也"。可见人心之相通。

理解和欣赏,是友谊长期存在的前提。鲍叔的伟大,不但在于他有知人之明、容人之量,更可贵的是,还愿意让朋友来当自己的上司而又屈身其下,甘心出让自己的二号权力之位而襄助管仲实现自己的抱负。这样伟大友谊的存在,足以照亮春秋时期三百年充满血腥杀伐的历史。如此的知音,在管鲍之后,已很难寻觅。

四百年后,同样是朋友,李斯知道韩非的能力远超于他,怕韩非受秦王的重用,李斯所做的,是将韩非关进了监狱,再送去了毒药。

悲歌为谁而吟唱

如果让我去一个孤岛,只能带一本书,我肯定选择《史记》。因为《史记》中,跃动着足以让人类自豪的人的精神,闪耀着高贵的人性的光辉,让人不忍、不甘、不愿当奴隶。

在书中无论是帝王、士人,还是贩夫走卒,一个个都有着不可屈服的尊严和斗志。为了理想,他们一往无前地奋斗;为了践诺,一掷千金;为了尊严,可以牺牲生命。《史记》最让人激动的,永远是人,一个个生动活泼的人,有着高贵的心灵、不屈的精神、充沛的豪情。胜利的英雄们固然能够赢得鲜花和荣耀,但是失败的英雄,依然光彩照人,命运之神即使没有眷顾,他们不能实现自己的理想,却没有失去人的魅力。

《史记》是中华文明前三千年的一个总结,呈现给我们的,是一个健康的、阳刚的、豪迈的青年,正举着一把青铜剑,呼啸着在华北平原上自由地奔跑。他是和万国、安鬼神的黄帝,是耕历山、渔雷泽的大禹,是上下问天的屈原,是易水送别的荆轲,是义不帝秦的仲连,是勾践,是伍员,是田横,是李广……《史记》中的所有人,都是悲剧中的英雄。司马迁以悲天悯人的情怀，写出了人类的困境：在命运面前，有些人可能是幸运者；但是，不论你的所谓功业是成功还是失败，在死亡这个最后归宿面前，没有一个人可以例外。

死亡是人类最伟大的创造，也是所有生命都拥有的最终宿命。在这个巨大的悲剧面前，所有的人都无法逃遁。在司马迁的眼里，刘邦和项羽都是位列本纪的伟大英雄，但是，在死亡面前，同样只能吟唱悲歌。

在结束秦政之后的争霸战中，刘邦和项羽从战友最后变成了敌人。垓下之战，楚汉相争的胜负大局已定。面对失败的局面，项羽的表现，让两千年以后的我们依然唏嘘不已。

> 项王军壁垓下，兵少食尽，汉军及诸侯兵围之数重。夜，闻汉军四面皆楚歌，项王乃大惊曰："汉皆已得楚乎？是何楚人之多也？"项王则夜起，饮帐中，有美人名虞，常幸从；骏马名骓，常骑之。于是项王乃悲歌慷慨，自为诗曰："力拔山兮气盖世，时不利兮骓不逝。骓不逝兮可奈何，虞兮虞兮奈若何！"歌数阕，美人和之。项王泣数行下，左右皆泣，莫能仰视。

检验一个男人是否有真性情，看他对女人和弱者的态度可知。无情未必真豪杰，项羽之所以让宋代的女诗人李清照也称之为"人杰"，可能与此有关。项羽死时，年仅三十一岁。

作为贵族，项羽有名的歌唱就这一次。他的悲歌，是在死亡面前,为了一个女人而唱。刘邦却有两次。

刘邦开创了一个平民通过努力奋斗,也可以统治世界的新时代。他的第一次歌唱是在衣锦还乡之后,唱的是"大风起兮云飞扬,威加海内兮归故乡,安得猛士兮守四方"。

但是,在项羽死后七年,刘邦有着与老对手一样的困境:面对即将到来的死亡,和心爱的女人一起唱起最后的悲歌。

刘邦的皇后是吕雉,他们的长子刘盈,已被立为太子。刘邦后来又宠幸了一个妃子叫戚夫人,生了一个儿子叫如意,封为赵王。爱母及子,刘邦的晚年,一直在与大臣们及皇后外戚斗智斗勇,他想将自己的皇位传给赵王如意。大臣们之所以反对,是因为嫡长传位是流传了两千多年的传统,这个老规矩不能破。外戚们的反对,是切身利益所系,如果太子易人,荣华富贵可能变成人头落地。吕雉、吕释之兄妹在张良的帮助下,使出浑身解数,终于巩固了太子地位。面对自己的失败,虽然贵为皇帝,刘邦也无可奈何。

刘邦知道自己来日无多,伤心地对最心爱的戚夫人说:我想换掉太子,但是,太子已有这四个人的辅佐,羽翼已成,我已动不了了。以后的事情,只有吕后能做主了。知道吕后手段的戚夫人哭泣不已。刘邦说,你为我跳楚舞,我为你唱楚歌吧!刘邦唱道:"鸿鹄高飞,一举千里。羽翮已就,横绝四海。横绝四海,当可奈何?虽有矰缴,尚安所施?"已经风烛残年的老皇帝,面对无情的岁月,当年在老家唱《大风歌》的豪情壮志,早已一去不复返了。

刘邦和戚夫人反复歌舞，戚夫人已经泣不成声，当年的胜利英雄，再也无法忍受如此悲怆的场面，只得匆匆离去。

六十二岁的末路英雄，充溢心头的，除了悲凉，还是悲凉。无论是什么英雄，最后面对的，是都要死去的宿命。刘邦可曾想起，自己和老对手项羽当年的垓下悲歌，怎么如此的相似——

项羽明白，在自己战败之后，等待虞姬的战俘命运将会是什么。他最后放不下的，不是功业，而是女人。《史记》没有写虞姬的下场，根据其他史书的记载，虞姬为了让项羽能安心突围，是在项羽吟唱楚歌之后，自刎于帐下。民间戏曲，也是如此安排情节的。

知妻莫若夫。吕后"为人刚毅"，在紧紧配合刘邦剿灭功臣上厥功至伟，是个心狠手辣之人。刘邦之所以悲伤，是因为他知道，在自己死后，最喜欢的女人和儿子面对吕后这种角色，将会是什么结局。

刘邦死后，他一直想废却未能如愿的十六岁太子刘盈即位，是为孝惠帝。惠帝倒是一个宽厚之人，知道吕后的心思，对自己的弟弟赵王如意呵护有加；但是，最后，十一岁的小王子还是被报复心非常重的吕后乘隙毒死。而更显吕后残忍的是，她对戚夫人的迫害，到了人神共愤的地步：她将情敌戚夫人砍断四肢，刺瞎了眼睛，熏聋了耳朵，喂她吃了哑药，然后将她丢在厕所里，称之为"人彘"。过了几天，她还不解恨，特地叫亲生儿子孝惠帝去看。皇帝看到这样一堆肉体，不知何物，一问，才知道原来是美丽的戚夫人，乃大哭，皇帝被吓出了大病，从此不理朝政。

吕后在刘邦死后，事实上开创了她自己的吕家时代，专权汉政达十五年，但是，她的这些做法，并没有给吕家带来利益。在她死后，迎来的是老臣们对吕氏家族的大屠杀。如果刘邦地下有灵，会有何种反应？悲乎，喜乎？如果刘邦和项羽地下相逢，各自说起自己心爱女人的最后下场，又不知会作何对话。

他们该不会一起再唱彼此都熟悉的楚歌了吧。

尊严的重量

尊严重要如空气,却看不清,又摸不着。按照写过《沉默的大多数》和《一只特立独行的猪》的作家王小波的说法,尊严就是自己是被人看作人,还是当成东西。我以为,尊严,更多的还是表现为自己的定位,就是你把自己怎么看。

看《史记》,我们会发现,我们的祖先,是那么讲尊严,为后人做出了好榜样。

魏豹是魏国的落魄公子,在秦末的大乱中,以武力征战成为魏王。在楚汉争霸战中,倒向项羽一方。刘邦派了郦生去游说,希望他叛楚归汉弃暗投明。魏豹回答说:人生一世间,如白驹过隙耳。现在的汉王傲慢又无礼,对下属,不论是诸侯还是大臣,好像对待奴仆一样,都没有起码的上下礼节,跟着他,虽然有金钱、有美女、有官职,生活舒适,但是做人没有尊严,我不想见他,一口回绝了。即使以后被刘邦军队战败所杀,亦不后悔。

田家是齐国的王室,在秦末的群雄战争中,田儋起兵称王,复齐国,拥有一支独立的武装力量。后来,田儋被秦将章邯所杀。田儋的从弟田横与田荣率其余众割据齐地抗秦。田荣死,田横立田荣之子田广为齐王,自为相国。如何争取或消灭这支武装,是有志统一全国的刘邦的重要目标。刘邦派了使者郦生来做工作,大概郦生这个人口才了得,所以,一再做这种摇唇鼓舌的事情。郦生上次游说魏豹劳而无功,这次还真是成功了,郦生说服齐国降汉,实现共赢。齐国君臣相信他的话,放下了武器;但是,韩信在蒯通的怂恿下,背信弃义,乘齐国不备,发动突然袭击,消灭了齐国的军队。齐王和田横大怒,认为被郦生出卖了,理所当然地烹杀了郦生。没有了武装,谈判的资本也就失去了,后来,齐王田广被韩信俘虏,齐相田横不愿投降,就自立为齐王,继续抵抗汉王。刘邦在彻底消灭了各地势力后,开始清算所有的欠账。田横知道自己不是汉军的对手,就率领手下的五百多人,离开大陆,逃到了黄海的一个海岛上。

刘邦认为,这个田家,都是齐国的王室成员,是老贵族,很得民心,在齐国有着很大的号召力,如果他不归顺大汉,对于汉朝在齐地的统治将是心腹之患。于是刘邦派出使者去岛上,赦免了田横的过错,并要他到首都见面。田横对汉使说:我将汉王的使者郦生烹杀了,听说郦生的弟弟郦商现在是汉将,很得力,我怕他报仇,所以不敢听从皇帝的召唤,只希望皇帝让我做一个平民百姓,一世都生活在这个小岛上就行了。

刘邦听了使者的汇报,当然不同意,他立即专门给郦商下了一道诏书:齐王田横马上就要来见我,任何人敢动他一根毫毛,灭族!然后,刘邦让使者再带着这道诏书来见田横,并告诉他:你放心地来吧。大的,我将封你为王;小的,至少也会封侯。不来，我将派兵来消灭。田横于是和两个侍从一起，坐着朝廷的专车，去洛阳见刘邦。

到了尸乡的政府驿站，离洛阳还有三十里，田横对汉使说：人臣见天子应当沐浴，以示尊重。于是停了下来。田横对两个侍从说：当年我和汉王刘邦都是南面称王道孤的人，现在，汉王当了天子，而我却要作为一个失败者向他北面称臣，这个耻辱于我已经够大了。以前我将郦生烹杀了，现在又要和郦生的弟弟并肩侍奉同一个主子，即使郦商畏惧皇帝的诏书不敢动我，心中能无愧吗？皇帝想见我，不过是想见我的容貌罢了。现在皇帝在洛阳，我砍下头颅，快马跑三十里送去，估计容颜不会改变。于是田横拔剑自杀，侍从将他的头颅捧给使者，使者遵命快马加鞭地送到刘邦面前。刘邦见了田横的头颅，感慨万端：这个田横，了不起。从布衣起家，三个兄弟相继为齐王，真正是个贤能之士。不禁为之唏嘘落泪。于是封他的两个侍从为都尉，派了两千名士兵去挖墓，以王者的礼仪埋葬了田横。

葬礼既毕，两个都尉在田横的墓地边挖了两个小坑，一起自杀了，表示要跟从原主人。刘邦听到这个消息，非常震惊，觉得田横的人都如此了不起，心中更不放心：听说他们还有五百人在海岛上呢。于是，又派出使者去岛上，叫他们都来首都。岛上的人听到田横已死、侍从也死的消息，都不愿去做汉帝的臣民，全都在岛上自杀了。

这个岛，现在叫田横岛，总面积不到两平方公里，距青岛码头仅六十八公里。据说上面有不少纪念田横和五百士的建筑和雕

塑。徐悲鸿也曾以此为题材作过油画，名叫《田横五百士》，借以提振中国人的精神。这幅布面油画长349厘米、宽197厘米，1930年完成，画面选取了田横与五百壮士诀别的场面，画面宏大，气氛悲壮而凝重。在徐悲鸿的众多油画作品中，这一幅我最喜欢。

我们以前一直批评古人"刑不上大夫"，这固然有法律面前并未人人平等的特权，但更多的是我们的先人对那些社会的上层人物，有更高的对尊严的要求，即要求他们自己解决，而不要弄到法庭上接受审判，再拉到大街上行刑，这毕竟有失体面。所以，才有了"君子不受嗟来之食"的传统，才有了李广老将军宁可自杀也不肯去受"刀笔吏"侮辱的壮烈。在魏豹、田横和他的五百士、李广等人的心中，作为一个人，尊严当然比生命更重要。这，也是人和动物的主要区别。

汉文帝刘恒在位的时候，他的舅舅薄昭酒后杀了皇帝的使者，这是不可宽恕的死罪。但是，薄昭的身份非常特殊，为了保护皇家的尊严，皇帝派了大臣们去舅舅家喝酒，并趁机劝他自杀。但这个老国舅脸皮厚，不愿意。皇帝只好又派这些大臣们去舅舅家，但这次去不再是喝酒，而是穿着丧服去哭丧了。国舅没办法，只好自杀。

能够给人以尊严的时代，真的让人向往。所以，汉代以前的士大夫，多顶天立地的英雄。等到了君王可以随便将大臣在庙堂上脱了裤子打板子、官员们要靠不断地写检讨书自污自辱以自保和"不谄谀必死"的专制时代，我们再想要找一个有尊严的人，还真的要白天都打灯笼了。

你把生命献给谁

你把生命献给谁,其实并不是每个人会经常遇到的问题。毕竟,作为必须回答的问题,一生中也不会太多。如果探究起来,不但有一个奉献对象的问题,还得有一个大前提,就是你有没有自由支配自己生命的权利,得"我的生命我做主"才行。一个奴隶,肯定无法决定自己的生命献给谁,因为这是奴隶主的事。越国当年在勾践领导下,曾经以弱胜强,打败了吴国。他的撒手锏之一,是搞心理恐怖战术,在两军对垒决战之际,派出三百人组成的方阵,列队于吴军之前,亮出武器,齐声呐喊:我们有罪,以死殉国。然后三百人齐刷刷地以刀抹脖子自杀。这三百人一起流血倒地的血腥恐怖场面,将吴军全部吓呆吓傻了。越军乘机进攻,果然得手。

这三百个越兵的生命,真真切切地献给了勾践。至于是自愿还是被迫,只有阎罗王才能知道。

同样是士兵,有的人献出自己的生命,肯定是自愿的。

魏文侯时,出身卫国的著名军事家吴起作为引进的人才,担任了魏国的"三军总司令"。如果今天他还活着,也有两千四百多岁了。尽管他是高官,但是他群众路线执行得好,一直坚持实行与士兵同吃、同住、同打仗的"三同",没有一点儿架子。有一次,一个士兵生了疽,痛得直哭,吴起毫不犹豫地用嘴巴将他脓包里的脓汁吸出来,士兵很快就恢复了健康。士兵的母亲听到这个消息,悲伤地哭泣。别人不理解:你的儿子是个无名小卒,大元帅居然亲自为他吮疽,这是多么罕有的荣誉,你为什么反而哭泣?母亲说:将军替我儿子吮疽,并非我家庭之福。以前的时候,孩子的父亲在吴司令的手下当兵,也生了疽,也是吴将军给他吸吮治好的。后来,他打仗就非常勇敢,最后死在了战场上。现在吴将军替我儿子吮疽,我就知道儿子又要战死在战场了,所以我痛哭。

后来,这个儿子怎么样,我们不知道,他只是一个小人物,《史记》里没有写。按照他母亲的估计,只有战死沙场的份。他的生命,却是真心实意地献给吴起将军的。

当然,非常主动地献身的人也有。

聂政是一个士人,以勇气著称。因为杀人避仇,与母亲、姐姐一起来到齐国,隐居于市井,靠做屠夫谋生。有一天,忽然一个大人物来拜访。聂政怕有麻烦,避而不见。大人物来了数次,终于见到了聂政。大人物叫严仲子,自带了酒菜,斟酒举杯,频频为聂政的母亲祝寿致敬,并向聂母敬献黄金百镒作为晋见之礼。聂政惊异于他的厚礼,坚辞不受:我聂政上有老母,家也贫穷,现在客居在这里,以屠狗宰牛为业,主要是为了侍奉老母。我虽收入微薄,养家糊口也是够的。您的厚礼,确实不敢当。严仲子屏退左右，坦诚地对聂政说：我有一个仇人，是个王侯级的大人物。我避仇到齐国，私下里听说了您品行高洁，勇气过人，十分仰慕。送您母亲一点薄礼，是希望能给您生活一点帮助，能够与您结交来往，并没有别的什么企图。聂政说：我之所以降志辱身地做屠夫，是要供养老母。只要母亲还健在，我就不会收受他人的任何礼物，也不会答应他人的任何请求。严仲子一再恳求他收下，聂政却依然不肯。最后，两人尽宾主之礼而散。

几年后，聂政的母亲去世。安葬了母亲，除去了孝服，聂政说：我只是一个市井小人物，严仲子以卿相之尊，不惜折节屈尊相交。初次相见，即以千金重礼相敬。我虽然没接受；但是，他的盛意我是明白的，他是知我者。一个贤者为了报仇雪恨而来亲近一个地位卑微的人，我聂政心中难道不明白吗？上次之所以没有答应他，因为老母在堂。现在老母以天年去世，我已没有了后顾之忧，当是报答知己的时候了。

于是，聂政西入濮阳找到严仲子，对他说：那次我不能答应您，是因为老母在。现在她已去世，我也无所牵累。您要我做什么，尽管吩咐吧。严仲子说：我的仇人是韩相侠累，这侠累是韩王的叔父，家族势力强大，我一直想将他刺杀，都没能成功。现在您能认我这个朋友，愿意帮我做这件事，我非常高兴。我将马上组织一批高手，协助您办事。聂政说：刺杀侠累，人多没用，万一失手，容易泄密，会知道是您主谋，整个韩国将与您为敌。这怎么行。聂政谢绝了严仲子的好意，一个人仗剑独行入韩。

来到韩国相府，聂政望见侠累端坐堂上，警卫森严。武功高超的聂政持剑飞奔堂上,以迅雷不及掩耳之势一剑刺死了侠累。左右顿时大乱。聂政一声大吼,乘机又刺杀了几十人,但是在卫兵的重重包围中,他已无法脱身。为了不连累严仲子,他以剑划破自己的脸皮、刺瞎自己的眼睛,再剖腹出肠自杀。

聂政这个勇士,为了一酬对方的厚待,义无反顾地当了恐怖分子。他把自己的生命,献给了自己认为的知己。

春秋到战国的历史,是中国人不断自觉自醒的历史。"你把生命献给谁",也成为士人们不断自我叩问的庄严话题。献给上天、君王?献给权力、荣誉?献给家族、知己?还是献给自己?各人有各人的选择。庄子的回答是,还是留给自己吧。

楚王请庄子当丞相,希望他把生命献给君王神圣伟大的"天下""苍生"事业,他的回答是"不"。他认为,与其做一具供奉于庙堂、享受尊荣的龟骨,不如做一个自由地生活于泥淖中的生命。

庄子对来聘的楚使说:"往矣!吾将曳尾于涂中。"

庄子,你是个远古的现代人,真了不起!

假如沧浪之水干涸

楚国是个了不起的王国。它是华夏民族的后起之秀，却出手不凡。我们回望远古的艺术，楚国的绘画、音乐、雕刻、漆器等，都非常瑰丽神秘，洋溢着浪漫与深邃的生命激情。而且楚地出的人才，如老子、庄子、屈原等，都是中华文化史乃至人类文化史上不可或缺的巨子。

说起楚国，总会想起那首早在春秋时期就传唱的楚歌《沧浪歌》："沧浪之水清兮，可以濯我缨；沧水之水浊兮，可以濯我足。"它优美的旋律早就跨越了楚国的疆界，传遍了中华大地。远在鲁国、精通音乐的孔子对这首歌十分喜欢，他一边教歌一边对学生说："小子听之！清斯濯缨，浊斯濯足矣，自取之也。"

这首《沧浪歌》，让我想起不同时代的两个楚人：伍子胥与屈原。沧浪之水可清可浊，但是，如果沧浪之水有了第三种状态——干涸了，你何以自处？这两个楚人，为我们提供了不同的答案。

两人相比，屈原的名声更大。屈原是战国时期楚国的政治家，也是中国最伟大的浪漫主义诗人，生活的年代比伍子胥迟两百多年，他是楚国的贵族。屈原大约生于公元前340年，曾任三闾大夫、左徒，兼管内政外交大事，主张对内举贤任能，修明法度，对外联齐抗秦。后遭同僚排挤，被楚怀王放于沅、湘流域。流放中，屈原看到国土日益沦丧，满怀忧愤，遂将满腔的忠君爱国之情，倾注于诗歌的创作中，他的《离骚》和《九歌》，是人类诗歌史上难以逾越的高峰。

公元前278年，秦将白起攻破楚国首都郢，流放中的屈原，悲愤难当，就在长沙附近的汨罗江，怀石跳水自杀。后人为了纪念屈原，将每年的农历五月初五定为端午节。

当年司马迁说，我读了屈原的《离骚》《天问》《招魂》《哀郢》，深深地被他的志节所感动。到了长沙，在汨罗江畔看了屈原自沉的地方，想到屈原一生的为人，禁不住热泪长流。等到读了贾谊的《吊屈原赋》，又责怪起屈原来，像他这样有才干的人，如果去游说诸侯，哪个国家不可以容身呢，何必让自己走上一条不归路？可是读了《鵩鸟赋》，明白了生和死本来就一样，去和留都无所谓，突然觉得一身轻松，看来我的责怪是错了。

另一个楚人伍子胥(?一前484)，是春秋时期吴国的著名政治家，他的名气不如屈原大，但是，他的经历却比屈原更加曲折。

伍子胥原是楚国的官二代，其父伍奢为楚平王太子建的太傅。这个楚平王，比屈原的直接领导楚怀王早十任。如果平安无事，楚平王死后，他的太子建会接班，作为太子太傅的儿子，弄个显官当，应该没有问题。

太子成年了，楚平王给他定了一门亲，是秦国的公主。当年

西沢
陶俑

2014.11.6 上海
博物館

各国王室之间都相互通婚，是一种加强联系的方式。受命去接亲的人是太子建的亲信费无忌。当新娘进入楚国后，无耻的费无忌竟然先跑去对楚平王说：新娘太美了。不如大王您自己娶了她，给太子换一个。这样混账的主意，楚平王居然同意了。后来，和秦女生了儿子熊珍。

费无忌做了坏事，怕太子即位后报复，就天天在楚平王面前进谗言，终于让平王决心杀了太子建和他的师傅伍奢，打算让小儿子熊珍当接班人。受命去杀太子建的人良心未泯，先告知太子，让他逃了命，伍奢则被抓了起来。费无忌知道伍奢的两个儿子厉害，动员楚王斩草除根。楚王就派出使者对伍尚、伍员（伍子胥）兄弟说：你们的父亲被关起来了，楚王叫你们去。去了，就放了你父亲；不去，就杀了他。什么叫飞来横祸？这就是。

伍子胥说：我们去和不去，父亲都会被杀。我不去！他哥哥去了，最后伍奢、伍尚父子被楚平王杀害。伍子胥经历千难万险，九死一生地逃到吴国。为了复仇雪恨，雄才大略的伍子胥先帮助吴公子光成为吴王阖闾，建立了强盛的吴国，并深得吴王阖闾的信任。最早的苏州城，就是伍子胥规划建设的。

当年伍子胥逃离楚国的时候，曾对他的朋友申包胥发誓说：我一定要灭掉楚国，以解心头之恨。为了替伍子胥报仇，公元前506年，即伍子胥父兄被害十六年后，吴王阖闾亲自和伍子胥、军事家孙武率领强大的吴军，攻下楚国都城郢，楚平王和秦女所生的儿子熊珍（即楚昭王）出逃。当年的仇人楚平王已死十年，怀着刻骨仇恨的伍子胥，于是掘楚平王之墓，鞭尸三百，以报杀父兄之仇。

读《史记》，我一直能从行文之间看到司马迁的喜怒哀乐。他对屈原和伍子胥两人，是非常欣赏，甚至引以为知己的。他称伍子胥为"烈丈夫"，认为假如伍子胥追随父兄一起赴死，他的生命就和蝼蚁没有什么区别。但是，伍子胥不顾小节，终为父兄报仇，洗刷了羞辱，留名于后世，让人赞叹！事实上，如果没有司马迁充满深情的记载，我们谁知道伍子胥？

为什么司马迁对这两个楚人如此钟爱？因为他俩代表了两种人生的精神。

当沧浪之水清澈时，濯缨。浑浊，还行，可濯足。但是，当沧浪之水变成了泥浆或全部干涸，仅有一个沧浪之名了，你如果还想濯缨、濯足，不就是自赴泥沼以求死吗？

屈原被流放，依然心怀祖国，因为楚怀王和襄王还有底线，沧浪之水，尽管浑浊了，还能够流动，所以屈原值得为自己的祖国献出生命。而在伍子胥生活的时代，楚平王没有了人的底线：娶儿媳、杀太子、害忠良，这一条沧浪之水，已经干涸了，如果你还想濯缨濯足，岂非笑话？孟子说，人兽之别"几希"。而在楚国，楚王已经同禽兽一样了，如果伍子胥还以"忠臣孝子"的名义去送死，还有什么意义？

中国的地方戏曲，是真正的社会教科书，在大部分人是文盲的古代，它一直承担着社会教化的功能，民众也以戏曲来表达自己的朴素爱憎。有关伍子胥的戏文各地都有，全部都是正面形象，从没有人说，他是一个叛国者、一个以下犯上的逆臣，舞台上的伍子胥,从没有白鼻子,都是红面黑须的忠臣烈士。因为在民众心目中,只有人的国,才值得自己牺牲;而一个禽兽之国,灭之何妨?

个人的战争

孟子说，春秋无义战。这确实没错。从严格意义上说，当时周天子分封所建的王国，都是周王室的成员单位，是这个总公司下的分公司，有了纠纷，完全可以通过周王室的协调，以和平的方式解决。从个人关系上说，这些诸侯王国的王们，不是堂亲、表亲、姻亲，就是祖上是同僚、朋友，非亲即故，完全可以通过非暴力方式解决争端；但是事实上，各国之间，似乎都没有协商谈判的传统，只相信兵器的硬度和士兵皮肤的厚度，和平的时间反而不多。战争的起因，不过是争资源、土地、权力，甚至是一个女人。但是，有一场战争中的战争，最富有戏剧性，我一直无以名之，想来想去，还是用"个人的战争"来说更合适。

那是公元前607年，也是在一个春天，郑国因为盟主楚国的要求，去攻击宋国。宋文公刚执政四年，他派出了华元和乐吕两位将军去抵抗。这个华元，在本文中是个丑角，但在历史上，却是个有作为的人物，他曾历昭公、文公、共公、平公四君，是宋国的顶梁柱。

以前打仗，重型武器是马拉的兵车，将军当然也在兵车上指挥。每辆兵车都有自己的御者，俗称马夫，现代称驾驶员，宋军总司令华元的驾驶员叫羊斟。春秋时期的战争比较讲究君子的方式，大战以前，双方约定时间地点，然后开打，有点儿像千年以后西方的决斗。

因为第二天要决战了，宋军司令华元这天晚上杀羊犒劳全军将士。不知华元是有意还是无意，作为兵车驾驶员的羊斟居然没有分到一碗羊肉汤。闻着肉香的羊斟只能啃又冷又硬的窝窝头，听着战友们唱歌喝酒，心里当然不痛快，就向领导华元反映：我明天也要去打仗，为什么他们有羊肉吃而我没有？华元说：羊肉不多，你只是一个驾驶员，所以没份。吃肉的事，我说了算！羊斟非常生气，但也没说什么。也许一个晚上没睡觉，也许早就想好了主意，安然大睡了。

次日清晨，宋、郑两军来到了约定地点，各自排好了战阵，战鼓咚咚地敲起来，即将开战。然而，意想不到的事情发生了：排在宋军前列的总司令华元的战车，在四匹马的拉动下，突然旋风一般地向对方刮去，华元司令一时间还没有回过神来，他的御者羊斟已将战车开到了郑军的阵中，让郑军来了个瓮中捉鳖。羊斟得意地对华元说：华司令，昨天吃肉的事，你说了算；今天开车的事，我说了算！司令被俘，宋军立即乱了阵脚，郑军乘机发动攻击，宋军大败，副司令乐吕也当了俘虏。这次战斗，宋军死了一百人，被俘二百五十人，损失战车四百六十辆。而且特别窝囊的是，这场战争是被自己人打败的，而且叛徒还是总司令的驾驶员。

宋军败了。郑国提出了赎回司令官华元的条件：兵车一百辆，战马四百匹，宋国只好答应；但当五十辆兵车、两百匹马送出之后，华元已从俘虏营逃回了。华元回到国内，让人向君王通报：我回来了。接待他的是叔伴。叔伴问：老兄的马怎么会在战场上出问题？华元低头答道：不是马有问题，是我的驾驶员出了问题。

如果评选世界上最窝囊的战争，这一场作为候选者估计没问题。

《左传》的作者对此事恨声不绝，还引用《诗经》中"人之无良"句，认为羊斟以私害公，是"无良"人的代表。当代作家余秋雨，也将羊斟目为"小人"而严加谴责。这些说法都很有道理，因为他们的预设前提是，在个人利益与国家利益之间，个人利益必须服从国家利益。在上级与下级有纠纷的情况下，下级必须服从上级；但是，如果我们站在羊斟的立场上，将羊斟当成与司令官一样的"人"去考虑一下，也许会有另一种感受。

——作为一个军中最重要战车的驾驶员，是理所当然的战斗人员，在大战前夕的战士聚餐中，居然分不到一碗羊肉汤，心里会好受吗？这不是有没羊肉吃的问题，而是战士与战士之间，还有没有平等的问题。

——不平则鸣。羊斟向司令官反映，希望得到纠正。但是，作为司令官的华元明确告诉他，你没有羊肉，不是厨师的工作失误，而是我安排的，因为我说了算！羊斟面对华元的训斥，还有一个战士的尊严吗？如果说，原先的失落，只是有点儿不高兴，而现在的绝望，能产生的，就只有愤怒了。是可忍，孰不可忍。

不要说魏国的吴起将军带兵打仗，都是与最下级的士兵实现"三同"，就算一个不打仗的身边工作人员，既然提出了想吃羊肉的要求，哪怕不符合条件，你把自己这份羊肉分点儿给他，也不算过分吧？可惜的是，华元在这些选择题中，每一项都选择了错误答案。

作为一个社会成员，当然能力有大小，官位有高低，职位有差别，分工有不同；但是，作为一个人，尊严是一样的。作为一个战士，在战场上生与死的概率也是一样的。为什么华元可以蛮不讲理而羊斟必须忍受？华元的敌人是郑军，对羊斟而言，他的敌人恰恰相反，则是他的上司华元，因为对他的不公与不尊，都是华元造成的。羊斟的战争，不是国与国之间的战争，而是一个"人"的战争，是为了捍卫自己尊严的战争，也是小人物对抗特权的战争。既然华元可以倚仗自己的职权不给羊斟羊肉吃，羊斟同样也可以凭借自己开车的职权让耀武扬威的司令官当一回阶下囚，这不是很公平吗？

羊斟赢了，他让自己尊严的褫夺者也失去了尊严：三军司令，居然当了俘虏。

但是，羊斟的这场战争，最后变成了一个人挑战所有社会伦理和道德的战争，在我们官方的历史和评论中，羊斟却输了，他一直背着坏名声。

羊斟的最后结局，无论是《史记》还是《左传》中，都没有记载；但是，羊斟这场个人的尊严保卫战，也许会让那些拥有特权的人明白：不论大人与小人，除了大小之外，最后都是一个人。任何人的尊严，彼此并无区别；同时，也让强者别太得意，因为强弱之间，转换也是容易的。

信用的价值

守信，是立人与立国的根本。按照孔子的说法，一个国家，可以没有军队、没有粮食；但是，绝不能没有信用。而作为一个领导人，更应言出必行，才能有威望。

曹刿是鲁国的将军，因为《曹刿论战》被编入中学课本，所以知名度很高。而在《史记》的《刺客列传》中，有一个刺客叫曹沫，其实与曹刿是同一个人。齐、鲁是邻国，常常打仗。在《曹刿论战》中，"齐师败绩"，而在更多的时候，是鲁师败绩。因为打仗，就是拼实力：人力、物力、智力。鲁国是个小国，文化发达，智力当然不差，但人力、物力毕竟有限，自然是输多赢少。公元前681年，齐、鲁之间又干了一仗，曹沫的鲁军丧师失地。不得已，鲁庄公提出割遂邑之地求和，齐桓公同意。于是两国元首在齐国的柯（今山东省聊城市阳谷县阿城镇）会盟，准备签订停战协定。

正当齐、鲁两国元首准备签订盟约的时候，作为鲁庄公随员的曹沫突然冲到齐桓公面前，将匕首顶在了他的胸膛上。齐桓公的警卫们一时毫无办法。齐桓公战战兢兢地问：您有什么要求？

曹沫说：齐强鲁弱，齐国欺人太甚。鲁国是齐国的邻居，我们的墙倒了，也会压着您的。您看着办吧。齐桓公说：齐国把所有在战争中得到的鲁国领土全部归还鲁国这样行不行？曹沫说：好！丢下匕首回到原位置，谈笑自若。齐桓公待曹沫一走，大怒，说刚才说了的话不算数。齐相管仲说：不行。您刚才当着这么多人的面许下的诺言，必须兑现。如果贪小利而失信于诸侯，会失去道义的朋友。于是齐国信守诺言，将历次战争中取得的鲁地，一次性地全部退还鲁国，齐国也因此赢得了良好的声誉。

后世的历史评论家们一直有这样的说法：如果最后统一六国的是齐而不是秦，中华文明可能会更加辉煌，也会是另一种走向。因为当时的战国七雄中，以文化而论，齐国成就最高。这当然是一厢情愿之言，因为对历史事实，我们只能接受，无法假设。不过，从是否守信这一条看，秦国确实非常不地道，与文明还相距甚远，称之为"虎狼之国"并不算过分。

其实在周朝的早期，周天子分封的大小王国有一百多个，经过几百年的打打杀杀，到了战国时期，就只剩下了秦、楚、齐、燕、韩、赵、魏七国了。七国之间，合纵与连横、和平与战争不断。秦与楚，都是大国与强国，所以两国之间的关系变得非常微妙，也是一会儿和，一会儿战。

楚怀王十六年（公元前313年），秦国想攻打齐国以扩张领土，但是，齐国和楚国是盟友，两国联手，秦国无取胜可能。于是，秦王派张仪去游说楚王：只要你楚国与齐国断交，我秦国就割富庶的商於之地"六百里"给楚国。楚怀王贪利，不顾陈轸等大臣的反对，与齐国绝了交。秦国大喜。但是，当楚王派人去受地的时候，得到的回复是"六里"。楚王大怒，与秦战，结果，因为没有了盟友，所以楚国一败而再败。

楚怀王二十八年（公元前301年）以后，在与秦国的对抗中，楚国不断丧师失地，领土日益缩小，内外交困。怀王三十年（公元前299年），秦昭王写信给楚王说：我们曾经都是好兄弟，这样打来打去也没啥意思。请您来我的武关见见面，结成盟友，以后世世代代友好下去，这不是很好吗？楚王很为难。去，秦人的不守信是出了名的，肯定有风险；不去，又怕得罪了秦国，引来大军。屈原等人也劝他不要去。但是，楚怀王为了楚国利益，决定冒一次险：去和秦昭王见面。

怀王的车马一进入秦地，就被秦军当成了俘虏，根本不以君王之礼相待。秦昭王要楚国先割巫、黔两郡给秦，才答应结盟。楚王坚持先结盟再割地。于是，秦王就将楚王软禁在秦国。后来，楚国为了国家利益，另立了太子熊横为楚顷襄王。楚怀王曾经逃离过秦国，后又被秦国捉回，最后，一国元首的他，三年后（公元前297年）作为秦国的囚徒，客死于秦国。秦作为一个国家，如此背信弃义，世所罕见。所以，当楚怀王的灵柩回到楚国的时候，举国悲痛，楚人如自己的亲人死了一般。对秦人，楚人恨之入骨，发下了重誓："楚虽三户，亡秦必楚！"

从某个历史的片段看，违背一些文明规则可能会取得一时的好处；但是，从长远的历史考察，那些倒行逆施者都不会久远。虎狼之国的秦，崇尚暴力而背信弃义，尽管最后统一了中国，但

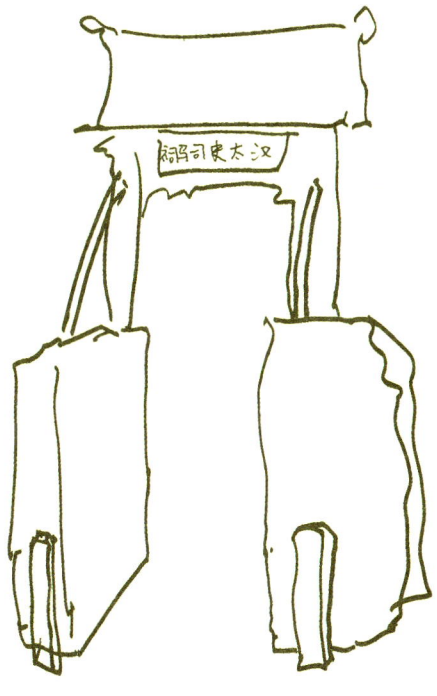

国祚仅仅只有十四年，二世而亡，而所有的皇室成员，一个都没有留下命来。

秦灭六国，楚国最冤。灭秦者，也是楚人：第一个揭竿而起的陈胜是楚人，他以"张楚"为国号。继之而起的项梁项羽，皆世世代代为楚将，举事之初，立冤死于秦国的楚怀王的后人熊心为王，作为一面鲜艳的旗帜，立刻得到了楚人的拥护，使自己的力量迅速得到壮大。后来建立了汉朝政权的刘邦也是楚人。

在决定秦王朝命运的巨鹿之战中，为什么项羽的六万楚军面对秦国章邯、王离五十多万人的虎狼之师能够破釜沉舟最后取得胜利，因为他们是楚人，他们的复仇之火最烈。

项羽后来在与刘邦的争霸战中的失败，一个非常重要的原因，是项羽的不守信，失去了道义。当年为了号召楚人，他和叔父项梁在公元前208年立了楚怀王的孙子为王，第三年，又尊他为义帝；但是，到了第四年的十月，却让人将义帝在江中杀掉了。刘邦乘机为义帝发丧，遍告诸侯："天下共立义帝，北面事之，今项羽放杀义帝于江南，大逆无道。"到后来的垓下之战中，项羽也听到了熟悉的楚歌，但是这些四面包围的歌者，都是自己的敌人了。

世界上，所有的付出都会有回报：付出实惠，获得恩情；付出仇恨，收获报复。将这一铁律证诸古今，概莫能外。而一个言而无信的人，将会失去所有的朋友，留下的，只是敌人。信用的价值，也就是人的价值。

敢于失败的英雄

《三国演义》《水浒传》都看过多遍，老实说，看不出有什么英雄气，多的是流氓气。看《史记》，倒是看到沛然而至的英雄气，让人感觉到人的尊严和伟岸。作为一个士，孟子可以不买君王的账，在两人的会见中，孟子可以对君王说，喂，你走过来。庄子可以对于宰相的聘书嘲笑一番。因为在他们眼里，你一个君王所拥有的权力，在我眼里并无多少价值；而我所拥有的智慧，却是你君王所没有的，我们之间是平等的，作为一介布衣，我照样可以傲视王侯。而在《三国演义》与《水浒传》中，追求权力却成了所有人奋斗的目标。

为什么春秋战国以后的中国人精神反而越萎靡？为什么士气从春秋战国之后每况愈下？贵族精神的逐步流失，肯定是一个重要原因。

什么叫贵族精神？确实也是众说纷纭。但是，我以为，有一条是必须的，那就是心中有自律的底线、行动有严格的规矩，他们可以不计成败得失，自觉地坚守心中的底线和规矩，并以此为荣。

春秋战国四五百年的战争历史，就是贵族精神逐步消失的过程。众多的战争，使得中国的兵法异常发达。兵法的精髓是什么？就是为了实现目标，可以不择手段。无论是孙子、司马氏、吴子、孙膑兵法还是之后出现的《三十六计》，兵法的所有法则，概而言之就是两个字：骗人。如果说，在战争状态下，骗人尚勉强可以理解，那么和平年代还以不守规矩和说谎为荣的时候，道德上就没有了底线。

从《史记》中，我们还能看到贵族精神的一些风采，也可以看到最后一抹贵族精神的晚霞是如何消失的。

周天子分封的宋，是"亡国之余"，他们是殷商后裔。宋人坚守其原有的礼制和宗教，在文化上有着自己的骄傲，所以在整个中原地区，显得有些另类，在许多当时的著作中，宋人都是迂阔的象征。"守株待兔""揠苗助长"等贬义的成语，写的都是宋人。坚持讲"礼"的孔子，也是宋国后人。

公元前638年，宋、楚两国争夺中原霸权，宋襄公为了削弱楚国的力量，出兵攻打楚国的盟友郑国，楚国就攻宋救郑。于是宋、楚爆发了"泓之战"。

十一月初一，楚军进抵泓水南岸时，宋军已占领了有利之地，在泓水北岸列阵待敌。

当楚军开始渡河时，右司马公孙固向宋襄公建议："彼众我寡，可半渡而击。"宋襄公拒不同意：仁义之师"不推人于险，不迫人于阨"。楚军渡河后开始列阵，公孙固请宋襄公乘楚军列阵混乱、立足未稳之际发起进攻。宋襄公又不允许："不鼓不成列。"

直待楚军列阵完毕后，方下令击鼓进攻。但是由于实力悬殊，宋军大败。宋襄公的卫队全部被歼，宋襄公的大腿也受了重伤。

面对失败，国人皆怨襄公。但宋襄公并未觉得自己有错，他说，"古之为军，临大事不忘大礼""君子不重伤（不再次伤害受伤的敌人）、不擒二毛（不捉拿头发花白的敌军老兵）、不以阻隘（不阻敌人于险隘中取胜）、不鼓不成列（不主动攻击尚未列好阵的敌人）"，自己遵守规矩行事，胜负乃是天意，作为元首，自己并无不当。

泓之战后，楚国在中原的扩张已无阻力。在其后数年间，楚国势力一度达到黄河以北，直到晋、楚城濮之战后，楚国的扩张势头才得到遏制。宋国在泓之战后，从曾经的春秋五霸之一，沦为二流国家。

正如成书于汉代的《淮南子》所说："古之伐国，不杀黄口，不获二毛，于古为义，于今为笑，古之所以为荣者，今之所以为辱也。" 泓之战标志着自商、周以来以"成列而鼓"为主的"礼义之兵"退出历史舞台，以"诡诈奇谋"为主导的作战方式出现在中华大地。

公元前637年5月，在病床上挣扎了半年之后，宋襄公在悲怆中死去。作为一个贵族精神的象征，消失在历史的深处。

泓之战后，偷袭、诱骗变成了战争的常态，以水淹城、围困全城、饿死百姓、驱妇女上战场、掘敌方坟墓等殃及无辜民众的战事也频频出现，成千成万地杀俘也变得不稀奇，原先宋襄公所坚持的道义与规矩，已逐渐成为遥远的回忆。一个世界变成了如此的模样,是社会共同选择的结果。

从善如登,从恶如崩。一种文明,建立难,破坏易。以秦灭六国而言,是野蛮战胜了文明。以楚汉相争而论,是流氓战胜了贵族。从人的精神上说,汉以后的文明,并没有逐步进化,而是相反。

宋襄公是敢于失败的英雄,行为有点像一千多年后西方的骑士堂·吉诃德。在西方,堂·吉诃德为人所尊重,认为他虽败犹荣。而在东方,只讲结果不论手段,所以,对宋襄公的评价,愈往后愈低,常常被嘲笑。到了20世纪前半叶,还被一个大人物称之为"蠢猪",恐怕是所有评价中最差的了。真是夏虫不可以语冰。只是整个社会都聪明得过了头,当所有的"蠢猪"消失了之后,我们才忽然发现,所有人也都变成了只讲吃喝拉撒而不讲人的尊严的蠢猪了。这真是一个历史的悖论。

秦统一中国后,春秋时期的贵族精神,也从历史舞台上消失了。留下的,也只有个别人的坚守与抗争,往往也得不到社会与大众的认同,变成了个人自撞南墙式的殉道。

司马迁不愧是一个伟大的史学家,他的目光穿透了历史时空,不在一时一地的胜负上作评判,而是着眼于人类的文明发展。他在《史记》中对宋襄公的评价仍然是肯定的:"襄公之时,修行仁义,欲为盟主。其大夫正考父美之,故追道契、汤、高宗,殷所以兴,作商颂。襄公既败于泓,而君子或以为多,伤中国阙礼义,褒之也,宋襄之有礼让也。"很明显,司马迁是认同宋襄公的。只是,司马迁也死了两千多年了。

编个鬼话骗天下

每一个统治者,都得考虑自己的合法性。《史记》写得最早的统治者,就是公孙轩辕,也即黄帝。他的时代,距今有五千多年的时间。黄帝作为最高的统治者,是华夏文明的缔造者。他之所以能当一号,是因为他是神之子,"生而神灵,弱而能言,幼而徇齐,长而敦敏,成而聪明"。所以,以他一人之力,统一了中国,建立了各种官制,对天地万物都进行了教化和改造,让东方的人类走出了蒙昧。黄帝又是一个全能的人,他几乎发明了我们人类早期的所有东西:历法、种植、房屋、纺织、车马,等等,而且还"淳化鸟兽虫蛾,旁罗日月星辰水波土石金玉"。我们去黄帝陵,听导游介绍,还会知道,黄帝是从桥山升天的,因为他原本就是上帝的下派干部,到人间锻炼锻炼,功德圆满之后,自然要回去的。

幸亏司马迁是个实在人,他没有渲染这些传说,只是平实地记录了当时人们传说中关于黄帝的种种故事,没有将他当作神来写。但从黄帝所做之事来看,则是非神莫属;而人们对黄帝的崇敬,确实是发自内心的,司马迁所到之处,都有着关于黄帝创造新世界的称颂。

从黄帝时代到秦朝一统,文明的历史大约三千年。这三千年,也是一个统治者从神还原到人的历史。商代夏、周代商,无一不用暴力。特别是春秋战国的五百多年中,各个王国之间的兼并、内斗不断,兄弟之间、父子之间为了争夺王位,暗杀、政变、内讧、阴谋不断,原有的君权天授的淳厚传说,也不大有人相信了,笼罩在君王头顶上的神圣光环,早已荡然无存。但是,在靠传说记录历史的民间,君权神授的说法,还有相当的市场。秦王嬴政统一中国之后,不满足于称王,很为自己的名号伤脑筋,认为自己功高盖世,史无前例。最后,从三皇五帝中各取一字,组成了"皇帝"两字。

秦始皇因为他的老爹本身就是秦王,所以,理直气壮地当天下一号,他没有必要去为自己营造一个神秘的出身。后来的汉皇帝刘邦,因为是流氓出身,靠着打打杀杀夺得政权,所以他十分在乎自己的出身,就编造谎言,目的是让人相信"刘邦不是人"。作为中国历史上的第一个平民皇帝,他的造神功夫很耐人寻味。

其一,刘邦的种子从哪里来?天上神龙那里来。刘邦说,自己的生父不是他名义上的父亲,而是天上的蛟龙,并且刘邦母亲与蛟龙交合的场面,还是他名义上的父亲所亲见,当时风雨雷电交加,地动山摇,天昏地暗。真不知刘邦的老父亲说这些话时,是什么感受。

其二,刘邦是星宿下凡尘。刘邦因为私放刑徒逃亡,躲藏在芦苇荡中。有一次,喝醉了酒,听说前面路上有一条大蛇挡道,

他趁着酒醉，壮胆前行，挥剑斩断了大蛇，然后继续赶路，最后醉倒在路边。后来，一个人告诉刘邦，他在夜间经过刘邦斩蛇处，碰到一个老太太在痛哭。问为什么哭，老太太说，这条蛇是她的儿子，是天上的白帝，刚才被另一个赤帝杀死了。说完，老太太就不见了。刘邦非常高兴，当然到处宣扬，跟从他的逃亡者对他开始有了畏惧之心。

其三，刘邦头上有天子气。刘邦在逃亡期间，常常藏匿在芒、砀的山岩水泽之间，他的老婆吕雉去送饭都能找得到。刘邦问老婆为什么都能找得到。吕雉说，因为你头顶上有一股云气，所以知道。这个消息到处流传之后，自动跑来当土匪的沛地小流氓就多了起来，造反力量得以迅速壮大。

我们如果冷静地推敲这些故事，发现一个明显的特点，就是，除了赤帝斩蛇是"他人"说之外，这些故事都是刘邦自己的亲人或自己说的，大部分没有旁证，也无法有旁证；而那个告诉刘邦"白帝母亲在哭"的"他人"，也不一定存在，因为"他"的故事也还是刘邦转述的。所以，四处传播以上神迹的宣传队，都是刘邦本人和他的家人。

为什么刘邦需要不厌其烦地说谎，还不惜给父亲扣绿帽？因为他在造反的时候，需要人气，需要民众的支持。同项羽不同，项羽贵族出身，身世、地位显赫，又有叔父的支持。刘邦的父亲是个农民，哥哥也是一个农夫，自己以前是个大话王，行状也没有什么可称道的，除了编点神话故事哄哄人，他能有什么可以吸引人，让别人信任他、支持他、跟随他去冒杀头的风险？

登上皇帝宝座之后，刘邦更需要这些鬼话来昭示天下：我的执政，是天意所向，百姓同意不同意无所谓，反正这是老天爷的选择，大家除了高呼万岁，都不能有逆天的想法。

中国各个王朝的官修史书，在首任皇帝的投胎出生一事上，基本上都克隆了刘邦的做法。按照书中的说法，那些帝王将相们，个个都生有异秉，都是天上星宿下凡尘。御用文人最用心写的，也都是第一代皇帝的"神迹"。不是"星宿入怀""红光万丈"，就是"异香盈室"。并不是他的后代们不重要了，因为只要证明了第一代不是人，而是天之子，是龙种，第二代、第三代无非是天之孙和龙之孙，就有了坐龙椅的合法性。

这些鬼话，司马迁并不相信，在他的笔下，刘邦根本没有伟大神圣的影子。但是，还真有不少人相信呢。对中国近现代民间影响最大的书是《三国演义》和《水浒传》，里边说的，依然都是这些破烂古董。袁世凯准备称帝的时候，特别迷信这一套。有一次，他午睡的时候，丫鬟不慎打碎了一个名贵的古董瓷碗，老袁大怒，准备责罚。这个聪明的丫鬟说，刚才我进屋的时候，看到老爷的床上盘着一条龙，受了惊吓，所以才打碎了瓷碗。老袁闻言，回嗔作喜，非但不责罚她，还赏了她不少银子作为"封口费"，事实上那是宣传广告费。当然，明白人并不信这一套鬼话，在老袁称帝之后，照样不买老天的账，让这条龙在戴上皇冠八十多天后就归了天。

事实上，编造鬼话的刘邦本人，也根本就不相信这些鬼话。在年老病重之时，刘邦也说自己"布衣"出身。神话的共同制造者——刘邦老婆吕雉也不讳言刘邦本为"编户民"。那一帮共同打天下的大臣,也明白这个老刘原本"细微",并非龙种。可笑的是,两千年之后的这个老袁,居然还相信龙种之类的鬼话,真是一蟹不如一蟹。

死是容易的

改编名著为电影,看似容易实则风险高企。因为人们先入为主,容易对改编的电影不认同。《赵氏孤儿》电影我看了,我的观后感是两个字:失望。

这个故事取材于《史记·赵世家》,与电影相比,《史记》的故事更精彩与合乎情理,但是,被导演们变得非驴非马,不伦不类,如果当事人能够复活,恐怕也会被电影重新气死。一个好题材照样可以拍烂,没有相当的功底,确实也非易事。

《史记·赵世家》的故事大致如下:公元前597年,晋国分管司法的权臣屠岸贾阴谋除掉上卿赵朔,将军韩厥认为此举不仁不义,劝阻无效后,韩厥私下里告诉了赵朔,劝他逃亡。赵朔说:将军您肯定不会让赵氏灭亡,我身为大臣,个人安危无所畏惧。韩厥答应,从此称病不出。不久,屠岸贾没有请示晋君,带领手下的将军们,进攻了赵氏的封地下宫,将晋国最有权势的赵氏一门赵朔、赵同、赵括、赵婴齐等三百多人灭了族。

赵朔的妻子是晋成公的姐姐,王室成员,已经怀孕,躲藏在王宫里,暂时逃过了一劫。赵朔有个门客叫公孙杵臼,杵臼对赵朔的朋友程婴说：您怎么没有死掉？程婴说：赵朔夫人快生孩子了，如果生儿子，我一生侍从他。如果生女儿，我再死也不迟。不久，赵妻生下儿子。屠岸贾听到消息，马上到宫中搜查。赵妻将儿子放于脚下裙内，向天祝道：如果赵氏要灭亡，你哭；如果赵氏不灭，你别出声。屠岸贾来搜索时，孩子没有哭，才躲开了灾难。一劫已过，程婴跟公孙杵臼商量：今天虽然没搜到，难保下次不会再来搜索。怎么办？公孙杵臼说：将孤儿抚养长大和慷慨赴死，哪个更难？程婴说：死容易，抚孤难。公孙杵臼说：赵氏待您深厚，难的事就让您做吧，我去做简单的，先去死。于是，俩人商量着，到外边谋取了他人的一个婴儿，穿上漂亮的衣服，故意藏匿到深山中。

安排停当后，程婴跑出来，向屠岸贾的将军们"告密"：我程婴没出息，不能让赵氏的孤儿成立。谁能给我千金，我就告诉谁婴儿的下落。将军们大喜，同意给程婴千金，然后派兵跟着程婴，终于捉到公孙杵臼和婴儿。公孙杵臼面对程婴，破口大骂：你这个背叛主人的无耻小人，以前在下宫之难中没有死掉，与我一起藏匿赵氏孤儿，却又出来告密。你不能帮助赵氏也就罢了，怎能忍心卖主求荣？公孙杵臼抱着婴儿呼喊：老天啊，请开开眼吧，赵氏孤儿何罪，为什么要杀他？请给孤儿一条活命吧，就杀我一个吧！将军们当然不同意，将公孙杵臼和婴儿一起杀掉。屠岸贾非常高兴，以为终于将赵氏一门斩草除根了，可以放心地独揽大权。而真正的赵氏孤儿赵武，却在程婴的抚育下，躲藏在深山里，茁壮成长。

程婴公孙杵臼墓

十五年后,晋景公生病,占卜不吉,心中不安。召将军韩厥问询禳解之策,韩厥告诉他,肯定是因为赵氏有天大的冤屈,所以天降不祥。晋景公表示愿意为赵氏平反昭雪。在韩厥将军的帮助下,晋景公将赵武和程婴带到宫中藏匿,然后和韩厥在王宫会见当年屠杀赵氏的将军们。将军们说:当年我们攻打下宫,是屠岸贾的命令;否则,我们谁敢动手?现在即使不是君王生病求禳解,我们也想请求立赵氏后代。现在我们都听君王的。景公于是叫赵武、程婴出来,与诸将军见面,然后他们一起将屠岸贾一家灭了族。原有的赵氏封邑、官位,让赵武重新继承。

到了赵武行了成人礼之后,程婴就同朝中诸大夫一一告辞。他对赵武说:当年下宫之难中,赵家主仆皆死。我非不能死,我只想立赵氏之后。现在您已成人了,赵氏也恢复了名爵,作为您爷爷的朋友,我的任务已经完成,我要去地下向您爷爷赵宣孟和朋友公孙杵臼回个话了。赵武啼泣顿首固请:我这一辈子都愿意劳苦筋骨以报答您老人家至死,您忍心现在就弃我而去吗?程婴说:不是这样。当年老朋友公孙杵臼觉得我能够办成抚孤成立的难事,所以他先我而死。现在我的使命已完成了,我如果不去说一下,他还以为我办不成事呢。于是,程婴自杀。赵武为他服丧三年,为之祭邑,春秋祠之,世世勿绝。这个赵武,也就是后来赵国的先祖,赵襄子、赵武灵王、赵简子等都是他的后代。

《赵氏孤儿》是一个忠义故事,流传很广,大江南北的各种民间戏剧,无论京剧、越剧、豫剧、川剧,几乎都有这个剧目。程婴和公孙杵臼为了报恩、为了伸张正义,不惜牺牲自己的生命、声誉、前程。千古艰难唯一死，而为了保住小主人赵武，公孙杵臼甘愿慷慨赴死。更难得的是程婴，为了抚孤成立，不但得顶着卖主求荣的耻辱生存，还得负起赵武的生存与教育的重任。从赵武以后成为晋国正卿、大权在握、很有作为来看，程婴的教育非常成功。确实如公孙杵臼所言，相比于程婴所做的这一切，死还真是容易的。让人更感到程婴人格伟大和道义力量的，是他在功成名就、可以坐享清福之时，依然不忘当年承诺，视荣华富贵如浮云，甘愿以死酬报当年的朋友于地下。这种壮举，即使再过三千年，依然是人类精神的永恒光辉。

两千四百九十五年之后，戊戌变法失败，谭嗣同选择慷慨赴死，因为他相信，各国变法无不从流血开始，他愿意以自己的鲜血警醒国民。他的同志梁启超则选择了逃亡日本，以继续谋求中国的强盛之路。从现在看，谭嗣同的任务已完成，而梁启超艰难困苦地奋斗一生，至死也未看到国家兴盛的曙光，同后人相比，程婴还真是幸运儿。

我曾杞人忧天地替古人担过心：如果当年程婴在抚育赵氏孤儿的过程中，万一赵武有个三长两短不满十五岁而夭折了，程婴该怎么办？

那真正是生死两难。

人间难舍是亲情

生命是什么？禅宗的解释，是呼吸之间。如果以此类推，则人生的一切，亦不过"取舍"二字。人间社会，利益所在之处，必矛盾，如何取舍，亦是千差万别。

古时的官场，为了君王一家一姓之平安，伴君如伴虎，官员的风险更高。有利益的地方，就有冲突。官场利益巨大，冲突自然频繁。当年越王勾践称霸之后，主要功臣中，唯一全身而退的，是范蠡。这个范蠡，是人中之龙，出入庙堂，可以帮助勾践复国称霸，浮海江湖，照样能够务农经商致富，尊比王侯。唐诗人汪遵对他赞叹不已："不知战国官荣者，谁似陶朱得始终。"范蠡之所以能赢得后人颂扬，是因为他对权力、富贵的态度，确实到了视若浮云的境界，不仅有能力取，更敢于舍。

范蠡的第一次舍，是舍权力。勾践称霸了，作为主要谋臣的他，却打报告要求退居二线享清福。勾践当然不同意，还以"加诛"相威胁。范蠡的回答是："君行令，臣行意。"你说你的，我做我的，马上来了个不辞而别，抛弃功名利禄，带着轻珠宝玉，与其家人、私徒出海北上，改名鸱夷皮子，到齐国海边办私营农场去了。范蠡他们远离权力，开荒种地，勤劳致富，终于"致产数十万"。而他的同僚文种，却因留恋权力，在勾践手下反而功成身死。

范蠡的第二次舍，是舍权力和财富。穷在闹市无人问，富在深山有远亲。因为范蠡成为远近闻名的大富翁了，齐人闻其贤，纷纷来学习考察，齐王知道了，更要聘请他为相国，以带领齐国人民共同致富。明白官位之累的范蠡不想干，就将财产送给知友乡党，带着贵重物品，又一次悄悄地带全家搬走了。

范蠡远离了原住地，到了陶（今山东省菏泽市定陶区）。他认为这是天下的交通要道，于是定居下来，再一次改名，叫陶朱公，与儿子们一起从事农牧业和商业贸易。经过若干年的努力，又"致赀累巨万"，成了亿万富翁，天下闻名。

范蠡的致富，当然有出越国时带去轻珠宝玉作原始资本的原因，但是，更多的，还是他的全家勤劳与经营得法。他能十九年间三度致富，充分说明，最大的原因还是经营者本身。陶朱公能够成为中国商人的始祖与偶像，也正是这个缘故。

范蠡住在定陶的时候，生了小儿子。小儿子成年后，他中间的一个儿子在楚国因为杀人而被囚。范蠡说：杀人偿命，天经地义；但是，千金之子，当不死于市。他派小儿子去楚国探望和解救，让小儿子带了千两黄金准备出行。范蠡的大儿子知道了，认为作为长子是家督，如此大事却让小弟去，没面子，要自杀。范妻劝范蠡道：中子未救出而长子先亡总不好，还是让长子去吧。范蠡长叹一声，不得已只好同意。他写了一封信，交给长子，让他交给楚国的老朋友庄生,并吩咐长子:到了楚国,马上将信和千金送给庄生,别的什么也别做。长子出发时,又私自带了数百金。

到了楚国,长子去见庄生,发现庄生家非常穷。他交了信和千金后,庄生说:你快点儿走吧,别在这里停留。你弟弟出来了,也别问为什么。长子救弟心切,又将自己带来的数百金送给楚国权贵,让他们活动营救。

事实上,庄生尽管穷,但年高德劭,在楚国有着非常高的威望,楚王都尊他为师,他收下千金,是表示接受托付。所以,庄生对妻子说:这是朱公的钱,事成后归还他,别动它。

过了几天,庄生进宫,同楚王说:最近某星宿有异动,将不利于楚国。楚王问:怎么办?庄生说:做积德事可以禳解不祥。楚王说:我明白了。于是决定大赦天下,免除楚国死罪者。

范蠡长子听到这个消息,非常高兴,知道弟弟不会死了,但是心痛送给庄生的千金。于是,他专门去庄生家告辞。庄生惊道:你还没有走吗?长子说:听说楚王要大赦了,我弟弟将会出来了,所以来告辞。庄生马上明白他的意思,说:"你进屋去把千金拿回去吧。"拿回了千金,长子非常兴奋:弟弟有救,钱又没花。

庄生非常恼火,觉得被小孩子耍弄了。于是他又进宫对楚王说:您上次说做积德事,很好;但是,老臣在外面听到谣传,说是富翁陶朱公之子死罪囚楚,您特赦是为了他而不是为了楚国。楚王大怒,命令先杀了陶朱公的儿子,第二天再大赦。

长子带着弟弟的遗体回了家。家人和邻居都痛哭不已，只有范蠡陶朱公一个人笑：这个结果我早就知道了。不是长子不爱弟弟，是因为他和我一起艰苦创业，知道赚钱不易，所以特别珍惜钱。至于小儿子，一生下来，就是有钱人，他对钱就无所谓。我之所以派小儿子去办事，就是因为他能够慷慨花钱而不心疼。这一点，他的大哥肯定做不到。事已至此，没有什么好悲伤的。我早就在日夜计算他们归来办丧事的时间。

　　范蠡是个洞悉人性的哲人，识始而能知终。对自己中子的弃市殒命，虽知结果而无法挽回，也是不得已。因为在事理面前，有着长子与妻子的阻拦，他如何逾越？如果他按事理办，则牺牲长子。按亲情办，则牺牲中子。好在他早就说过，"杀人偿命，天经地义"，所以，他也就无所遗憾了。

　　人都有他的弱点，范蠡也不例外。权力、财富他可以舍弃，但是，亲情他不会舍弃。因为亲情，他在取舍上就没能做到完美。聪明智慧如范蠡，在自己的亲人面前，也是徒唤奈何，何况他人哉！

　　不过，亲情，也正是人之所以为人的所在。如果没有了亲情，人与禽兽也就没有多少差别了。

穿越地狱的母爱

人间之爱中，父母之爱，尤其是母爱，应该是最为深挚和不可替代。但是历史故事，往往又充满例外，这也许正是历史的魅力所在。

春秋时期有一个小国叫郑，国君郑桓公，是周王室成员。公元前771年，周朝发生了重大事变：犬戎杀周幽王于骊山，陪同的郑桓公也被杀。郑人让桓公的儿子掘突提前接了班，史称郑武公。

郑武公娶了个夫人叫武姜。武姜生太子时难产，差点送了命，所以不喜欢这个儿子，给他取的名字也叫寤生。后来，武姜又生了第二个儿子，叫共叔段，因为生产顺利，夫人特别偏爱。这种偏爱，有点儿让人匪夷所思。不过，女性的思维往往异乎寻常、如同美貌万端一样，无法一概而论。后来，武公生病，武姜提出更易太子，废长立幼。此举违背传统，乃君王大忌，弄不好会发生全国动乱。武公当然不同意。武公去世后，他的太子寤生顺理成章地当上了郑国国君，史称庄公。

庄公一即位，马上将弟弟共叔段分封于京，号太叔。郑公的大臣祭仲是个明白人，他私下对庄公说：现在的京地比我们的国都都要大，这不符合正常分封的规矩呀，会出乱子的。庄公说：没办法，我妈一再要这样坚持，我刚即位，也不好反对。共叔段到京地后，马上制造武器，训练士兵，经常与他母亲一起，密谋如何偷袭首都，武装夺取郑国王位。

庄公二十二年（公元前722年），也就是在准备了二十二年后，共叔段认为时机成熟了，就率领人马偷袭郑国都城，母亲武姜住在大儿子的都城里面当内应。

这样的怪事，在春秋和战国时期，好像也仅此一例，可谓天下奇闻。比较正常的内讧，一般是兄弟、叔侄之间为争王位而内战、政变、暗杀，或是君王的妻妾之间，为了自己的利益，与自己的亲生儿子一起，与君王的其他妻妾和亲生儿子之间，因争夺王位展开的明争与暗斗；而作为一个母亲，有意挑动两个亲生儿子之间打斗，如同自己的左右手之间搞拳击赛，确实有点匪夷所思。

弟弟和母亲的这点小把戏早就国人皆知了，当了国君的哥哥，情报系统肯定发达，岂有不知之理？作为合法王位继承人的庄公，当然早有准备，自然奋起反击，共叔段不敌，逃回京地。庄公的"政府军"追击到京，京地的人看不惯共叔段的谋反，没人愿意跟从，反而将矛头转过来对准了共叔段，弟弟只好出逃到了鄢。鄢地又守不住，只好再逃到了共，做流亡王孙去了。

将企图武装政变的弟弟赶出了国门，庄公哥哥终于松了一口气；但是，各种证据表明，这场不得人心的叛乱，全是母亲武姜一手策划的，庄公非常愤怒。如果是别的人，早就杀掉了。杀不起，总还躲得起，庄公下令，将武姜从国都赶出去，让她住到城颍，并发誓说："不至黄泉，誓不相见。"黄泉即是死亡之意，也就是说，有生之年，不会再见了。这一年，庄公三十九岁。这个偏爱小儿子的武姜，估计也将近六十了。

武姜反思自己的所作所为，也觉得自己太过分了，哪有母亲因为生大儿子难产，就叫小儿子去杀大儿子的道理？如果一定要怨恨，怨恨自己的老公还有一点点理由，同婴儿本身确实没有关系；但是，大错已经铸成，她也无法挽回。现在不但小儿子见不着，大儿子同样见不着，只能一个人孤零零地生活，还要受到国人的谴责。武姜老太太真正是追悔莫及。

母子分开一年多，庄公寤生也开始思念母亲了，后悔将她赶走。只是双方都缺乏一个见面的契机。

世界上的事，总是先有需求，再有发明。庄公的事，同样不例外。

颍谷的长官考叔来国都述职，并上交国税，庄公在亲切接见后照例赐宴。喝着酒，吃着肉，看着双方的气氛很好，早有准备的考叔趁机提了个小小的要求：小臣家有老母，希望也能得到君王赏赐的食品。听人提到老母，庄公非常伤心：你的这个要求没问题，等会儿请他们给你母亲送过去。只是我现在也非常想念母亲，想见面却做不到。因为，我已发下誓言，作为国君，我不能违背誓言。怎么办？考叔是个聪明人，他说：君王不是说不至黄泉不相见吗？那我们就掘地三丈，肯定有黄泉，这时相见不就遵守誓言了吗？庄公大喜。

于是，庄公立马派人去挖地道，挖到三丈以下，果然黄泉如涌，于是，武姜和寤生母子，终于在地道的黄泉上相见。脚下的水，分不清哪些是泉水，哪些是泪水。作为国君，庄公既不负誓言，又不负亲情，真的是两全其美。郑国人民也因为亲情的和解而非常高兴。世界上，能穿越地狱的，大概也只有母爱吧。这个聪明的考叔，估计升官没问题。

四百八十多年后，公元前238年，秦王也即后来的秦始皇，同样遇到了类似的难题。他的母亲、太后赵姬和长信侯嫪毐私通并生下两个儿子，嫪毐发动了武装政变。政变很快被秦王镇压，嫪毐和他的两个儿子全被杀死，并灭了他三族。他的所有家仆舍人，重则死，轻则终身服苦役，受此牵连而充军的有四千多家。对参与者赵姬太后，秦王当然非常震怒，但又杀不得，就将她赶出了国都咸阳，让她住到雍地。

从《史记》看，见不到母亲，薄情寡义的秦始皇倒没有显露出多少悲伤，说动他重见母亲的，是齐人茅蕉，他对秦王说的理由不是亲情，而是事业：现在秦国正要一统天下，而君王却将自己的母亲赶到外地，这样的事，不情也不义，如果被诸侯国的民众知道了，恐怕对秦国不利。于是，秦王乃迎接母亲赵太后重回咸阳，住进了甘泉宫。

看来，不管是出于亲情还是事业，母子之情依然是最基本、最神圣的人伦，人们都要尊重。据说，即使在蛮夷狄番之国，可以骂天骂地骂总统，就是不能骂对方的母亲。20世纪，东西方都曾经有过一段以消灭基本人伦为手段的乌托邦时光,结果到达的,却是深深的地狱。号称礼仪之邦的中国,最有杀伤力的三字国骂,依然是侮辱他人的母亲。真正是不应该!

世上真有圣人吗

我们的历史书上,一直密密麻麻地记载着数不清的圣人。不过,那说的是以前,反正我们也没见过,你信不信都没关系。但是,当别人告诉你,你边上出现了这样一个圣人,你会相信吗?

两千多年前的汉代,汉武帝刘彻心里希望有,也就相信有。但他的宰相公孙弘根本就不相信世界上会有这种生物的存在,一口就给予了回绝。

这个候选圣人,就是汉代的卜式。

卜式,河南人,是个农民,从事耕种畜牧业。他很早父母就去世,一人带着弟弟生活。等到弟弟长大成人了,卜式只取了一百多只羊,别的田产财物全部留给弟弟。带着这些羊,卜式进山林放牧十余年,羊也变成了一千多只,又买了田宅变成了富翁。而他的弟弟因为坐吃山空,已经破产,卜式又多次分财产给他弟弟。

这时候,汉朝开始征伐匈奴,国家开支非常大。卜式上书皇帝:愿意将家中财产的一半捐给政府,用于打仗所需。汉武帝很高兴，派了使者去见卜式，问：您想当官吗？卜式说：我从小当农民，没有当过官，不愿意。使者问：您家里有什么冤屈，需要申诉吗？卜式说：我与他人没有纠纷。我所居住的地方，有困难的人，我愿意借钱帮助，做得不善的，我愿意出面教育，大家都以我为榜样，更没有人让我受冤屈。我没什么事要申诉。

使者非常奇怪：那么您捐款的目的是什么呢？卜式说：现在天子在讨伐匈奴，我以为每个国民都要尽力，军人要效死边疆，我只是一个有钱人，没有其他的能力，所以就捐点儿钱，只有这样，才能消灭匈奴。使者向汉武帝汇报。武帝又对宰相公孙弘说了。公孙弘根本不相信天下有这样的圣人：这个人的做法不符合人之常情，恐怕另有所图。这样的榜样，还是不要树的好，希望陛下不要理睬他。

卜式没有捐成款，继续做农民。

一年以后，朝廷因为数征匈奴，国库空虚。又过了一年，政府开始移民开荒，官府的开支更大，移民的温饱都得不到保障。卜式主动为国分忧，捐了二十万钱给河南太守，以救济移民。武帝从上报文件中看到卜式的名字，记得他，就特地赏赐给卜式童仆四百人。卜式将这些赏赐，全部献给了当地政府。当时的社会风气是有钱人争相隐瞒财产，只有卜式主动要求帮助政府解决困难，所以，汉武帝认为卜式是个好榜样，决定树立为典型，号召全国人民学习。

来到首都，卜式被任命为郎，但是卜式不愿意当官。武帝说：我的上林苑中也有羊，就请您在那里牧羊可以吗？于是卜式

穿着官服做了牧羊人。一年多过去了，卜式管理的羊，不但肥壮健康，而且还生了很多小羊。武帝经过上林苑的时候，看到卜式的羊群，非常高兴，问他是如何办到的。卜式说：也没有什么奥秘，不过是根据羊的作息时间起居。有了病羊，赶紧去除，以免危害全群。其实管理老百姓，意思也是一样的。武帝觉得这人有意思，就让卜式去一个小地方——缑氏当一把手试试。不久，那里的百姓都说卜式工作方式简便，没有形式主义，非常好。武帝非常高兴，又将卜式升官到成皋当一把手，结果那里的工作效率也最高。武帝认为，卜式这个人朴忠可用，就让他当了齐王的太傅，后来，又让他直接当了齐相。

卜式作为圣人榜样，武帝是树起来了；但是，榜样的力量却一点没有显现：富人纷纷捐钱的场面，一次也没有。因为连年打仗，国家财政困难，武帝又相继出台了新的货币政策，公然掠夺民众的财产。实行盐铁国家垄断，取消私营盐铁业。结果，引起了富裕阶层的不满，加剧了下层民众的贫困，有的甚至破产为奴，而官府却因此而发财。武帝好大喜功，常常出巡各郡国，耗费巨大，民众不堪负担，许多官员完不成任务，就畏罪自杀。

此后，南越反，武帝派二十万人靖边，财政更加困难。已经是齐相的卜式又捐献了财产，并上书武帝：我愿意父子共赴前线，以死报国，为皇上分忧。武帝大喜，特地赏赐卜式关内侯、金六十斤、田十顷作为奖励，并再次昭告天下以宣传；但是，响应的人照样一个也没有。全国数百个列侯，也没有一个主动要求去守卫边疆。武帝大怒，就对这些列侯进行了摊派捐款，不捐钱的一律取消爵位。结果，仍然有一百多个列侯宁可失侯也不愿捐钱。两相对比，武帝更觉得卜式这个人是圣人，境界高，了不起，于是又将卜式提拔为御史大夫。

官当大了，看到的东西多了，但是，卜式依然是质朴农民的思维，不懂得迎合圣上之意。所谓迎合圣意，就是以皇帝的是非为是非，简而言之，就是"服从"二字；但是，卜式是个实在人，他不懂，也不愿意。他看到盐铁等被政府垄断经营后，质劣价昂，官府的车船运输，也不按市场规律办事，给老百姓带来诸多不便。卜式就公开提出了相反的意见。这样的意见，不符合皇帝的意图，武帝非常不高兴，将卜式降为原先的官职——太子太傅。

以后，桑弘羊主持全国经济工作，政府的垄断进一步加剧，不但盐铁垄断，其他方面也实行官府垄断经济，官府与官员公然参与买卖，结果，商人纷纷破产，物价飞涨，百姓生活更加困难。而官府和官员，却反而富裕了。武帝因为用钱更方便，非常高兴，大大地奖励桑弘羊。

这一年，天旱，武帝下令官员们向天求雨。卜式说：当官的俸禄衣食应当来自百姓的税收，哪有桑弘羊这样，官府和官员直接开店办公司搞经营的？官府求利，当然百姓遭殃。只要烹杀了桑弘羊，天肯定会下雨。

不知这个卜式后来的命运如何，但是，从武帝来说，他树的这个圣人典型是失败的：一没有起到示范作用，二又同自己的政策唱反调。所以，以后的皇帝都学聪明了，人没死，概不树典型。因为只有死了的人，要怎么塑造就能怎么塑造，反正已经死无对证。我们中国的第一号圣人孔子，也是死后数百年才被人封圣的。

不过，卜式本人，倒没有那么复杂，他确实是个实在人，也是一个为国为民的好人。但是，对帝王而言，只有对巩固皇权有用的人才是圣人，其他的，一概都没有价值。

回到本文开头，世界上有圣人吗？

这让我想起《西游记》中猪八戒常说的话："师父，世界上有如此美貌的妖怪吗？"

娘家与婆家谁重要

有一个笑话,常为人们讲起:妻子与老妈同时落水,作为丈夫和儿子,你先救哪一个?这当然是个伪命题,因为发生这种事情的概率,不会比中十亿元彩票高。只是刁难一个男人,在爱情与亲情之间做出选择。我估计,起意设计这个难题的,肯定是媳妇。

事实上,作为一个男权社会,男人的困惑,远远不如女人多。因为娘家与婆家之间的矛盾有时候更激烈,更不可调和。

春秋和战国时期,不管大小,几乎每一个王国都是个多事之国,不是有外患,肯定就有内斗。内斗的原因,就是选择继承人,也就是王国内谁说了算的问题。这种内斗带来的结果,就是根本性的长时间的王国动荡。

本来,按照传统与习俗,只有嫡长子才有继承权。但是,因为有的国王长寿,又多内宠,生的孩子多,爱妾及子。所以,常常发生废长立幼的事,有时候甚至几度废立,让大臣们很难办,因为万一站错了队,不是工资没处领,而是脑袋还在不在肩膀上的问题。齐桓公一世英明,在晚年的时候,也因为在继承人问题上出现反复，弄得后来大国衰落。赵国的武灵王，是个改革的先锋，胡服骑射，使赵国走向强国之路；但是，烈士暮年，照样斗不过怀中的女人，让两个儿子产生内斗，国力大损。老父爱晚子，几乎又是规律，就容易出事。汉代的刘邦，死不瞑目的最大遗憾，就是没有立幼子赵王如意为太子。

当年的郑国也遇到了君王的千古难题。郑庄公有四个儿子：太子忽、二子突、三子亹、四子婴。这四人都先后当过国君。庄公于公元前701年死后，在重臣祭仲支持下，太子忽即位，史称昭公。

本来天下太平了，但是，在二儿子身上出了问题。二儿子突的外公家是宋国的贵族，很有势力。宋国国君为了本国利益，以不正当的手法，劫持了郑国的重臣祭仲，胁迫他签订了盟约，立突为君王。又同突暗中约定：支持你做君王，以后给宋国好处。祭仲和突都答应了。听到这个消息，郑昭公忽害怕了，为了活命，他跑到了卫国。于是，二儿子突在祭仲和宋国势力的扶持下，做了郑国君王，史称郑厉公。

原来太子即位，是理所当然，而你二儿子上台，用的是不正当手段。所以，拥立者祭仲心态就不一样了，变得非常专权蛮横，什么都是他说了算。厉公当然不高兴，就想把这个老家伙除掉。厉公找来雍纠商量如何杀掉祭仲。雍纠是祭仲的女婿，得到郑国一号的信任，非常高兴，回家之后，有了异样的言行，被他老婆知道了。雍妻在丈夫和老父之间做不了选择，赶紧回娘家问母亲："父与夫孰亲？"母亲说："父一而已，人尽夫也。"听母亲如此一说，雍妻就把丈夫受君王之命要除掉父亲的事，向父亲和盘托出，老岳父祭仲大怒，立马派人拘捕了女婿雍纠，第二天就在大街上公开杀了头。厉公知道了，也救不了他，只有叹息道：这种事怎么能让女人知道呢？死是免不了的。

后来，趁厉公到外地巡视的时机，祭仲派人将太子忽即昭公重新迎回，昭公复辟；而雍纠，却白白地送了命。只是不知祭仲女儿雍纠妻，以后该如何生活？一群没有父亲的子女，会如何看待告密的母亲？

这个傻妻子当时她为什么不问婆婆而问母亲呢？

如果说，祭女雍妻是自我选择的结果，那么，另一个女性的结局，则令人伤心和同情。

公元前458年，赵简子死后，儿子赵无恤承袭爵位，史称赵襄子，他是个残忍而又野心勃勃的人。父亲刚刚下了葬，丧服未除，他就开始了领土的扩张。

赵襄子第一个想到的就是吞并邻居代国。代是一个小王国，但是代王夫人是他姐姐，代王是他的姐夫。襄子北登夏屋山，派人去请代王来相聚。虽然是两国，但毕竟还是亲戚。尽管老丈人死了，但是小舅子接班当了国君，依然是至亲，哪有不去之理。本来国君之间见面，肯定要带卫队，因为是走亲戚，代王没带几个随从，就兴冲冲地去了。

那边代王不设防，这边阴谋正在进行中：赵襄子一边整顿军马准备出征，一边让厨师准备丰盛的宴席。姐夫与妻舅见面，代王没有任何芥蒂，和所有随从都开怀畅饮。早就得到指令的厨师名叫各，他拿着铜制的长柄枓（酒具）酙酒，酒至半酣，厨师各突然变成了杀手：他以手中的铜枓，将代王和他的随从全部敲死。一待他得手，赵襄子马上命令士兵进军代国，武装占领了全部领土。

赵襄子胜利了。他的姐姐、代君夫人，在离代郡二十五里的马头山边得到夫死国亡的消息，而导演这一出惨剧的是她弟弟。代夫人悲愤难当，呼天抢地地痛哭。她如果为夫报仇，必须与自己的弟弟为敌。如果支持弟弟扩张，则是背叛丈夫。无论怎样选择，她都无法两全。最后，悲痛绝望的代夫人拔下头上束发的金笄（即簪子），默默地磨尖后，以笄自杀。后人为了纪念代夫人，就将这座山叫摩笄山。它在今天河北省涞源县境内。

古人有诗：伤人岂独息夫人。如果面对代夫人，美貌倾城倾国的息国夫人作为战败国的女俘，又成为战胜国楚国君王宠幸的女人，还真不算是最伤心者。

过了一千一百多年，到了唐朝。中国唯一登基称帝的女皇武则天废掉了儿子李旦，改唐国号为周。她一直纠结于谁接班为好：是婆家李氏的自己儿子，还是娘家侄子武承嗣？明白人狄仁杰告诉她：如果立武承嗣为太子，将来武则天难享太庙，因为历史上还没有侄子为姑姑立宗庙、进宗祠的。如果武则天立婆家的李姓人为太子，儿子当家，父母配享太庙是天经地义，也是百代不易的宇宙真理。

一心想流芳百世的女皇，在强大的传统文化面前，也只好低下了头颅：辛苦奋斗几十年，一夜回到解放前。为了自己，她还政于婆家——李家。在她死后,儿子即位,废周复唐,武家也迅速受到了彻底血腥的清算。如果当年武则天不太偏爱娘家,可能还不至于有如此矫枉过正的结局。

从作为男权社会的中国历史来看,女人要实现自己利益的最大化,娘家还是靠不住的。

君王信任谁

按照繁体字的写法,"國家"的"國"字由三部分内容组成:土地、人民、武装力量。以思想家孟子的说法,一国之中,"民为上,社稷次之,君为轻"。这当然是一厢情愿的理想境界,但是,老百姓最喜欢听。只是对一国君主而言,老子才是国内第一号,民众能够排老三已经不错,要排第一,不可能。

所以,从根本上说,王权制度下的所有的国君,都将自己的王国当成自己的私有财产,包括统治下的子民。当然,没有一个国君会这么赤裸裸地说,他们都跟着孟子做应声虫,天天喊民为贵、民是天、寡人是夙兴夜寐为黎民百姓服务的。我们在所有的帝王公开的诏书、告示中,不可能发现与"民为贵"相悖的言论。言行不一,谎言盛行,是帝制文化的一个特征。凡是君权文化,本质上都是虚伪的,自欺欺人的。

在一个以国家为私产的王权时代,谁最不安全?

公元前260年,历时三年的秦、赵长平战役结束,赵国失利,赵国参战的四十万战士被秦军全部坑杀,只放回二百四十个孩童。单独能够与秦国挑战的赵国,从此一蹶不振。秦国为了彻底消灭这个宿敌，尽管自己也已疲惫不堪，还是乘机围困了赵都邯郸，准备一劳永逸地解决这个宿敌。赵国危在旦夕。

以当时的七国而论，如果赵国被灭，秦国独大的局面，将更加明显，其他各国谁也无法单独与秦抗衡。秦国长期实行远交近攻的国策，正在蚕食、吞并和击破各个王国。为各国计，只有团结合作，共同抗秦，才是救亡图存的唯一途径。

作为邻居，魏国已来了多批赵国的求救信使，希望魏国能出兵相助。秦国也派来使者警告魏王：谁出兵，下一个就攻打谁。魏安釐王虽然派出了晋鄙元帅率领十万救兵到了邺地，却按兵不动，只作壁上观。

魏王的异母弟无忌是信陵君，是战国时期最著名的四公子之一。他养士三千，人才济济。他的国君哥哥，心中既高兴又害怕。高兴的是，有弟弟作号召力，魏国在诸国中很有威信；害怕的是，万一哪天弟弟想当国君了，自己的地位则将不保。

信陵君的姐姐，是赵王之弟、著名公子平原君赵胜的夫人，她也以私人名义多次写信给魏王和信陵君，希望俩弟弟早点儿来帮老姐一把。赵胜也来信对无忌说：您即使不在乎我，难道不考虑您姐姐的命运吗？信陵君和宾客们百端劝说魏王下令迅速攻秦救赵；但是，魏王畏秦，就是不肯。无奈之下，信陵君用了侯嬴之计，让魏王宠姬如姬窃得兵符，以力士朱亥之锤杀了元帅晋鄙，取得魏军领导权。此时，楚国援军亦至，信陵君率领赵魏楚联军抗秦，奋起反击，终于打败了秦军，保全了赵国。"窃符救赵"的典故，就由此而来。

从当时七国力量平衡和魏国的根本利益上说,信陵君做了一件大好事;但是,毕竟他是矫诏抗命,也有叛国之嫌,魏王哥哥的脸上也挂不住。所以,联军胜利后,无忌让魏军回到国内,自己就留在了赵国。

秦国被三国联军打败了,当然非常恼怒。为了报复当年魏国不顾警告出兵,在恢复了几年之后,它首先出兵攻魏。

魏王看到大敌当前,想起了弟弟信陵君,派了使者去赵国请他回国。别离十年后,兄弟再相见,相拥而泣。哥哥授予弟弟上将军印,让他统一指挥全国军队;同时,魏国也向各国派出使者求救,以信陵君的强大号召力,果然赵、燕、韩、楚各国都派兵援助,五国部队统一协作,在河外大破秦军,打败了秦将蒙骜,并一路西进,将秦军打回到函谷关,再也不敢出来。

魏国保住了,但是,信陵君无忌的地位,反而更危险了。一是魏王一直担心弟弟发动政变,现在弟弟在诸侯国中的威望更高了,这个风险当然更大。二是秦国为了自己的利益,出资万金,让人在魏国到处说信陵君的坏话,说他阴谋篡权。还故意多次派出使者到魏国,向魏王祝贺取得"粉碎无忌集团篡位夺权阴谋"的伟大胜利。内外夹攻下,魏王也不得不信,于是夺了弟弟的兵权。无忌既不想篡位,又不想再次流亡国外,但无以自证清白,只好从此称病不上班,整天醇酒妇人。过了四年,即公元前243年,信陵君就死了。信陵君实际上是在温柔乡里自杀的。他的哥哥也在当年死去。

得到信陵君的死讯,秦国马上派出当年的败将蒙骜出征魏

国,攻取了二十城。十八年后,秦灭魏,俘魏王,屠大梁。

信陵君的命运,可说是王权体制下能臣的缩影。尽管他是国君的亲弟弟,但是,所有的国王都警惕任何可能对他权力构成威胁的人。对国君来说,即使是当一个亡国之君,也还是自己当更合适。所有的权力拥有者,都坚信只有自己才能做得更好。

一个王国或团体,最重要的资源是人才。信陵君无疑是魏国的一号人才,但是,作为国君的哥哥依然提防大于依靠,于国家、于本人,都是一个悲剧。

信陵君是司马迁最推崇的人物之一,也是战国四公子中被给予最高评价的人。行文中,司马迁一口一个"公子"称信陵君,《魏公子列传》就有一百四十多处,从不直呼其名,景仰之情溢于言表。事实上,信陵君因为胸怀宽广、礼贤下士,才拥有了广泛的人才资源。他的存赵存魏的卓越功勋,是他和三千门客集体创造的。在关键时刻,他的门客们都给了最好的建议,也愿意为他做出牺牲。侯嬴、如姬、朱亥、毛公、薛公等人,都曾为他出智出力,多次使信陵君转危为安。正因为信陵君集团能干,所以魏王越要提防。

回顾秦至清代的中国历史,可以明白,君王都是历史的奴隶。君王专权之国,越到后来,智力就越退化,是因为形成了人才的逆淘汰机制:为了权力的稳定,只有让统辖区的人越来越愚蠢,君王才会越安全。正如史学家司马光在《资治通鉴》第一卷中所写的那样:"凡取人之术,苟不得圣人、君子而与之,与其得小人,不若得愚人。"圣人、君子当然是君王自己,所以,一国之中，能用的和信任的，就只有愚蠢者。最后必定假话盛行，天天都过愚人节，而魏无忌这样的人，肯定没有好下场。信陵君一死，魏国当然也只有死路一条了。

何处是祖国

所有古今中外的哲人们,都对当下的世界不满意。

春秋战国时期,我们现在称之为中华文化的黄金时代,但在当时先哲们的眼里,这是一个近乎世界末日的礼崩乐坏的黑暗时代:人们不信天命了,上下尊卑没有了,当官不用世袭了,神灵不灵了……那时的哲人们,其实比当代人还要焦虑:天顶漏了,人心坏了,用什么来修复?这个世界究竟靠什么维持才能长久?

我们看当时人写的书,无论是老子、孔子、墨子、孙子、孟子、庄子、韩非子……所有的文化大师们,个个都不满现状,都是愤世嫉俗,都认为当时社会太不像话了,要变革,要找人论理,但又不知道找谁。大家都认为自己真理在手,给这个世界把过脉,认定自己开出的药方最好。是贵族官二代的,基本上能在本国找到工作后施药救国;不是的,就只能到处投递简历,托人介绍,向国君游说,希望君王们按照自己的药方,治国治世,再造天国。中华大地上,行走着一批胸怀祖国、放眼世界的士人。孔子就是一个典型,他也是一个盲流,周游列国,如丧家之犬,就是为了找一个能接受他的药方、帮助他实现人生理想的君王。

从文化史上看，春秋战国时期，确实是中国文化最辉煌的时代，人才济济，群星灿烂。但是，除了老子、孔子、孟子、屈原等人外，他们中的多数人，并不在自己的祖国建功立业：孙武，齐人，建功于吴；吴起，卫人，先后建功于魏国、楚国；伍子胥，楚人，建功于吴；商鞅，卫人，建功于秦；苏秦，洛阳人，建功于燕、赵、韩、齐诸国，为从约长，相六国；张仪，魏人，建功于秦；范雎，魏人，建功于秦；蔡泽，燕人，建功于秦；乐毅，魏人，建功于燕；吕不韦，魏人，建功于秦；李斯，楚人，建功于秦；韩非，韩人，其学说实践于秦；蒙恬，其先齐人，建功于秦……

思想家本杰明·富兰克林说："哪里有自由，哪里就是我的祖国。"事实上，中国的士人们，早在两千多年前就在地球的东方实践了，哪里给自己自由发展的空间，就去哪里。而且，这些人的祖国，也没有发出恶狠狠的诅咒声，也不去挖人家的祖坟，基本上也是来去自由。

魏人范雎可说是一个典型。

范雎是魏国人，一直想为祖国做贡献。但是，家里穷，只好到魏国中大夫须贾家当门客。须贾为魏昭王出使齐国，范雎作为门客跟随。留齐数月，事情还没有办好。齐襄王听说范雎口才了得，派人送给他金十斤及牛肉酒菜。因为这不符合外交礼仪，范雎不敢接受。须贾知道了，大怒，怀疑范雎向齐国泄露了什么国家机密，所以齐王才送东西给他。因此，命令范雎退回十斤金，接受酒肉。回国后，须贾向魏相魏齐报告了此事。魏齐大怒，认定范雎出卖了情报，叫人将范雎痛打了一顿，打得他肋断齿折。范雎装死，他们就将他用草席卷起来丢在厕所。魏齐让宾客们故意往他身上撒尿，以示惩罚，也警告宾客们不能出卖机密。奄奄一息的范雎在草席里对看守人说："请您放我出去，我一定会重谢您。"看守就向魏齐报告说，范雎人已死了，要求丢出来。魏齐刚好酒醉了，就随口答应了。范雎因此捡回了一条性命。范雎的朋友魏国人郑安平冒着生命危险收留隐匿了范雎，并让他改名为张禄。

此后秦昭王派了使者王稽到魏国，郑安平就假冒魏国服务人员接近王稽。王稽问：魏国有没有贤达之人想去秦国发展？郑安平说：有一个贤人张禄先生，想与您交流天下大事。只是他有仇人，白天见面不便。王稽说：那你带他晚上一起来吧。当天晚上张禄和郑安平到了王稽住所。一交谈，王稽马上认定这个张禄是个不可多得的杰出人才，立即决定带张禄一起回秦国。

五年以后，张禄得到秦昭王的重用，为秦相，号应侯，成为秦国的二号人物。对此，魏国一概不知，他们以为范雎已死去多年。

张禄执政后，推行两大国策：对内，集权于君；对外，远交近攻。秦国走上了持续的扩张之路，当时，准备东征韩、魏。魏王派出了须贾为使去秦国求情。张禄得报，特地换了破旧衣裳去国宾馆拜访。须贾一见范雎，大惊道：小范，你还好吗？张禄说：还行。须贾说：你游说过秦王吗？张禄说：不敢了。上次得罪了魏相，逃命至此，哪敢再游说？须贾说：你现在做什么？张禄说：替人做庸工过日子。须贾十分同情，留他一起吃饭。看看他衣衫单薄，又送了他一件棉袍。问：秦相张先生，你知道吗？听说国政都他说了算。我这次来的事，也取决于他。你的朋友中，有认识他的吗？张禄说：我的主人熟悉他。我也经常见到他。我可以带领您去见他。须贾说：我的马病了，车子也坏了。没有大马车，我也不想出门。张禄说：我替您向主人借来就是。

于是，张禄回相府取了大马车，载着老上级回相府。路上的人看到相国亲自当马夫，都纷纷避让。到了相府，张禄说：您先等一下，我进去通报相国。须贾等了半天，还不见范雎出来，就问门卫：怎么范雎进去很久了不出来？门卫说：没有范雎。须贾说：不就是刚才赶车的这个人吗？门卫说：他是我们的张丞相。

接下来，就是张禄的快意恩仇录：他设盛宴大会各国使节，却让须贾在堂下做畜生吃马料，公开羞辱并警告须贾：因为你赠衣请饭，尚有故人之情，故饶你一命。告诉魏王，拿魏齐的头来，否则秦军将屠魏都大梁。

秦王也替他报恩报怨：对于推荐张禄的王稽，拜为河东太守，三年不用上缴税款。任命当年收留他的魏国朋友郑安平为将军。后来，魏齐的头颅也从赵国送到了。张禄此后广散家财，以报答当年在困难时刻帮助过自己的所有人。他做到了一饭之德必偿，睚眦之怨必报。

对有些人来说，祖国是用来怀念的。但是，对范雎来说，魏国是用来仇恨的。魏国想要他的命，而秦国给了他自由展示才华的机会，给了他报恩报怨的机会，给了他实现人生公平正义的机会。

好在当年没有人称范雎为卖国贼,更没有否定在异国他乡建功立业的孙子、吴起、商鞅等英杰们。《史记》还赞扬有加,说范雎"长袖善舞,多财善贾","取卿相,垂功于天下"。司马迁更像一个现代人。

别把自己当工具

两千多年的专制王朝时代，国人有盼明君、盼清官和盼侠客的三盼传统。盼来的，常常却是暴君、酷吏和流氓。

按照剧作家们的编写，汉武帝是个非常了不起的人物，是理所当然的明君，所以，连剧名都要硬邦邦地再嵌入一个"大"字，叫《汉武大帝》，如此篡改名号，如果放在当年，是要杀头的。只是，这样一个"大帝"，当年的老百姓，并没有觉得他有多好，反而更怀念前两任皇帝——文帝刘恒和景帝刘启。没有别的原因，就是因为前两个皇帝不折腾。

汉武帝是一个非常喜欢折腾的人。加上身体好，活到了七十岁，执政时间达五十四年，所以，许多事情，他都可以做得出、做得成。他罢黜百家独尊儒术；教为先，兴太学；削封建，迁豪强；征匈奴，平南越，开疆拓土；多方求不死药，到处封禅……长达五十年的拓边战争，结果是民不聊生，如后来的班固所言："海内虚耗，户口减半"。武帝一直折腾到死，才后悔，才说了一些人话。

作为一代雄主，汉武帝的所有政策，是靠酷吏们去完成的。

张汤，就是其中的一个代表。

张汤是杜人，其父为长安丞。一天，父亲出门了，叫张汤看家。父亲回家时，发现家中的肉被老鼠偷走了，将张汤打了一顿。张汤非常生气，就将老鼠和余肉从洞中掘出，按照审案子一样，写了诉状，传原告，引被告，将证据一一展示，然后宣判老鼠死刑，将它在堂上剁碎。父亲看他写的诉状，像模像样如老狱吏所为，大惊，就让他去学习如何判案审人。老父死后，张汤当了长安吏。武安侯为丞相时，提拔张汤为侍御史。张汤在审查陈皇后蛊狱案中，层层深挖，株连甚众，深得武帝之意，觉得他能干，就将他升为太中大夫。

同武帝关系近了，得到的信息也多了。张汤为人是两面派，常常口是心非，即使对人心怀不满，但表面上却显得非常亲热，暗地里却在寻找对方的漏洞。武帝信任张汤，常把大案让他办。张汤办案，不是以事实为依据、法律为准绳，而是试探武帝的意思，武帝想严办的，就往死里整，武帝想宽宥的，就找借口解脱。同时广结关系，培树同党，所以尽管他做事狠毒，开始时社会形象却很好。武帝要清除藩王的势力，张汤就充当急先锋，对淮南、衡山、江都谋反案都彻查深挖。其中涉及严助、伍被二人，武帝说将他们放了吧，张汤坚持不肯，武帝也顺水推舟地同意。不管牵连到哪个大臣，张汤都去查办。武帝很高兴，又提拔张汤做了御史大夫。

武帝长期对外战争和采取金钱外交，使得财政紧张，加上水旱灾害，百姓日子很艰难。张汤秉承上意，为了敛财，大量发行货币，垄断盐铁经营，对富裕人家进行财产登记，再想办法掠夺归公。这些政策实施后，国库大增，但天下骚动，百姓困厄，奸吏又乘机渔利，张汤就以峻法治罪，结果，自公卿至百姓，都在背后骂张汤。丞相名义上是张汤领导，但是皇帝更信任张汤，事实上都是张汤一个人说了算。有一次张汤病了，皇帝还亲自去他家探望，隆贵无比。

匈奴要求和亲，武帝让大臣们讨论。博士狄山说：和亲好。陛下现在举兵击匈奴，国疲民困，不合算。武帝又问张汤。张汤说：这是愚儒无知。狄山说：我是愚忠，总比你张汤诈忠好。你张汤严刑峻法，让皇亲国戚均不自安，就是诈忠。武帝非常不高兴，对狄山说：如果让你去守边，你能让一郡没有匈奴入侵吗？狄山说：不能。武帝说：一个县怎么样？狄山说：不能。武帝又问：一个前方哨所如何？狄山知道，如果再说不能，肯定要坐牢杀头了，就硬着头皮说：能。狄山到任一个月后，哨所被匈奴攻破，他的头颅也被砍了。从此以后，群臣震慑，再也不敢同张汤对着干了。

张汤深得武帝宠爱。他在御史的位置上七年，常常恃宠凌下，非常骄横，得罪的人太多。丞相与三长史终于找了个张汤违法透露国家经济机密的把柄，要陷他于死地。武帝当面质问张汤，张汤说没有。武帝怀疑张汤不诚实，派了八批使者去问，张汤依然否认。于是，武帝让另一个酷吏赵禹去查。赵禹对张汤说：你老兄这些年来灭族了多少人家，现在人家说你有这事，皇帝重视你，让你自己看着办，你还需要对簿公堂吗？张汤明白了皇帝的心思，于是自杀。

稍后于张汤的王温舒，也是个屠夫式的酷吏，喜欢以杀人治理。他任河内太守时，捕郡中豪猾，相连坐达千余家，大者灭族，小者本人杀头，财产全部没收充公。从九月上任一直杀到十二月，血流十余里。因为汉代规定，正月不能杀人，他感叹：如果冬季能延长一个月就好了。

历代的酷吏们在皇帝的心目中，都是忠臣和能臣。因为他们甘作帝王的鹰犬，没有自己的是非对错。不过，这些人大多数没有好下场。高后时的酷吏侯封，吕氏败后，族诛。孝景时的酷吏晁错，被杀。景帝时，酷吏郅都，被杀。武帝时，酷吏王温舒，灭族。酷吏减宣，自杀。因为他们是工具，事情做完了，首先丢弃的当然也是工具。

汉代也有法律。但是，在皇帝的眼里，法律是面团，想怎么捏就怎么捏。如张汤这一类酷吏，一切以皇帝的意愿为前提，窥伺上意，漠视民瘼，不顾法律，结果是加重了官吏和百姓的疾苦。现在那些为武帝唱赞歌的人们，如果生存在武帝时代，恐怕也不会有好果子吃：赞歌唱得不好听，照样杀头。

上司有命令开枪的权力。作为士兵，你必须开枪，但是，你有抬高一厘米以打不准的权力。面对着一个无辜的人，一个同类，你首先是一个人，你需要有良知。如果甘为鹰犬和工具，泯灭了人性，则永远不可能做一个人。

能充当主子的工具，在一些人眼里，还是十分荣耀的。他们认为，出卖了灵魂，总对自己有好处。其实未必。当然，如果有些人以充当工具为使命，或者为欲当工具不得而悲伤者，那是人类中的另类，这已经超出了我的思维范围了。

忠臣的困境

周朝的时候,天子分封诸侯建国,故称封建。那时的分封对象,除了宗族,更多的是有功之臣。秦始皇统一中国后,他听从丞相李斯的意见,推行皇权专制,不再分封,让儒生们很不高兴,认为这有违古礼。事实上这是非常明智的决策。刘邦坐天下后,大封同姓王,迫于形势,也分封过不少异姓王,如韩信、英布等;但是,不久后都以各种理由予以取缔。临死前告诫群臣:"非刘氏而王者,天下共击之。"刘邦死后,老婆吕后执政,硬给娘家人封了几个王。但在吕后死后,吕姓王全部被血洗。汉代的所有王国,从此都是自家人了。

只是人性不善,在权力面前,自家人同样不可靠,以后造反的吴王刘濞等人,都是他们刘家的。

说起这个刘濞,他是刘邦哥哥刘仲的儿子。刘邦当了皇帝之后,将当了大半辈子老农民的哥哥刘仲封为代王。代地靠近匈奴,当匈奴来进攻的时候,这老哥没见过这阵势,一跑了之。如果换了别人,这是要杀头的。刘邦只好将哥哥降为侯。后来,淮南王英布造反,刘邦亲自率兵征战,刘仲的儿子刘濞当时二十岁，年轻勇敢，跟随叔父征战，立了战功。于是刘邦就封侄子刘濞为吴王，地域有三郡五十三城。吴国是块宝地，有铜矿可以开采，又有海水可以煮盐，所以人民十分富裕。

刘邦死后，惠帝、吕后先后执政。到孝文帝刘恒时，吴王刘濞的太子到首都，与皇太子一起。堂兄弟俩在下棋时，发生了争执。因为吴太子没有礼让皇太子，皇太子就拿起棋盘将吴太子打死了。吴太子的尸首被运回吴国。刘濞得到儿子的死讯，当然非常伤心，又无法发作，只好对下属发怒说：我也是刘家人，儿子在长安死就在长安葬，送回去。于是又将儿子的尸首运回长安安葬。从此以后，刘濞就称病不再去长安尽藩臣之礼了。皇帝知道堂兄是因为儿子死了的缘故，并非真的生病。所以，以后凡是吴王的使臣到长安办事，都把他们关起来。吴王害怕了，觉得自己不安全：现在的皇帝对自己不放心了，将来太子即位，他是打死自己儿子的人，还会给自己好果子吃？所以，就准备建立武装力量以自保。秋天的时候，吴王又派了一个使者到长安向皇帝问候，面对皇帝的责难，使者说：吴王确实没有病，这是因为陛下将他派来的使者都关起来的缘故。以后他不来觐见，是怕陛下要杀他，所以做一些无聊的举动，还望陛下让事情重新开始为好。文帝认为使者说得有道理，就将所有关押的吴国使臣全部释放，表示对以前的事不再追究，并赐给吴王几杖，认刘濞堂兄为长者，免去来长安的觐见之礼。能得到这样的结果，吴王很高兴，也就放弃了武装自保的想法。

吴王在自己的地盘里，因为得山海之利，百姓无赋，很得民心。对王国内的读书人，他十分关照。时间长了，刘濞大概也有点儿得意忘形了，开始自大起来，别的郡国有犯人逃到吴国，他也拒绝交出。这样，吴王管理了吴国四十多年，非常得民心。

事实上，如何解决分封王国与中央政权的矛盾，一直是皇权政治的一大难题，从秦始皇开始，我们折腾了两千多年，也折腾不出一个好结果来。撇开成败利钝不说，李斯的做法还是最好的，就是不立藩国，只因秦朝短命，这个榜样没人学。好像一个只活了三十岁的人，他即使有最好的健身长寿法，也一分不值。

时势造英雄。时代有什么需求，就会有什么人出现。这时候，一个叫晁错的人物得到了重用。他是李斯一般的人物，只是没有遇上秦始皇这样的皇帝。他上书汉文帝，认为吴国有过，要削弱它。文帝宽厚，没照办。景帝即位后，晁错升为御史大夫，他对景帝说：当年高祖分封藩国，是没有办法。现在吴王称病不朝，依古法是要杀头的。王国强大了，谋反是迟早的事，我们削不削都一样。现在削藩，他们反得早，灾难小；削得迟，灾难大。景帝以为有理，于是开始准备推行削藩政策：寻找罪名，减少封地。对楚王，削其东海郡；对吴王，削其豫章郡、会稽郡；对赵王，削其河间郡；对胶西王，削其六县。

这边政令未出金马门，那边早就风闻了。看到他们一个个都被削弱，下一个当然将轮到自己，吴王刘濞知道自己的命运。所以，首先派人去各王国联络，楚王刘戊、赵王刘遂、济南王刘辟光、淄川王刘贤、胶西王刘昂、胶东王刘雄渠等六国响应。为了有一个正当的理由,他们提出起兵的口号是"诛晁错,清君侧"。这个口号,后来在明朝也被燕王朱棣用过。不同的是,七国没成功,朱棣成功了。七国一齐动手,将王国内的汉朝派遣官员俸禄二千石以下的全部杀死,一起造反,全国震动。

七国之乱,是刘家内部的权力斗争,同百姓并无什么相干,不得人心。因为汉代政权建立以来,尽管上层咬得昏天黑地,但对下面实行的是无为而治的宽松政策,百姓生活得以安逸。所以,人心思定,并无造反的社会基础。叛乱尽管来势汹汹,三个月后,七国之乱基本平定了。

在这场七国之乱历史事件中,最大的赢家是汉景帝。叛乱一结束,削藩就顺理成章,皇权更为巩固。最大的输家却是忠臣晁错,他一心为汉家稳定着想,最后却连自己的命也没有保住,被朝服斩于市,而且连累了全家人被灭族。

晁错的削藩政策无疑是有利于国家安定的。但是,晁错为人峭直刻深,与同僚的关系都不大好。为了削藩,他一口气出台了三十个政策,引起了诸侯的恐慌。晁父特地从颍川赶来,埋怨儿子做了蠢事。晁错说,我这样做,是为了皇家安宁。晁父说,刘家安宁了,但是晁家危险了。这个老人回家后,怕儿子连累自己,就服毒自杀。十天后,七国谋反。几天后,为了"清君侧"以堵七国之口,皇帝果然诛了晁错和其家族。当然,晁错的死依然没有换来七国的罢兵。最后,还是实力说了算。终汉两朝,藩王的外部危机一劳永逸地解决了,代之以宫廷内外戚或宦官的专权。

每次读晁错列传,看到这位忠臣兼酷吏如此的下场,总不免为他抱不平,更为晁父伤心。晁家的鲜血成为向前滚动的历史车轮的润滑油。作为忠臣的晁错如此结局,值得吗?是改革政策过激、是人缘不好,还是自己的身份之故?如果他是一个皇族,也会被处死吗?

在皇权制度下,与庸官与奸佞相比,忠臣最不安全。

弱者的公正梦

侠客，是成年人的白日梦，以前只是在小说中飞来飞去，现在是在银屏上飞来飞去，让人们沉浸于虚幻的快意恩仇中，暂时忘记脚下现实的大地。我对这些东西毫无兴趣，看过几部，受不了。还是看《动物世界》更可爱。

侠客自古就有。司马迁浓墨重彩描写的战国四公子，就是四大侠客，他们是王室成员或贵族，所以名气特别大。到汉代的时候，有朱家、田仲、王公、剧孟、郭解等下层侠客。他们之所以为当时人所景仰，并非现在银屏上所展示的那样，是倚仗超人的武功，而是他们的品行端正，做事讲理。虽然屡屡为当局所忌惮，但在民间，依然有巨大的号召力。

侠客郭解是汉代轵地人。他的父亲也是一个侠士，孝文帝时被政府镇压。郭解身材短小精悍，不饮酒。年轻的时候，常常聚众斗殴，铸钱掘墓，做了很多违法犯罪的勾当，名声不佳。幸亏运气好，遇到国家大赦，以前的罪孽一笔勾销，没有被关进去。及至年长，痛改前非，折节为俭，以德报怨，逐渐积累了很高的威信。一些小流氓也以郭解为榜样，常常偷偷地替他做事，而不让他知道。

郭解姐姐的儿子仗着舅舅的名望,有点得意忘形。与人喝酒时,拼命灌别人酒,非要让人喝醉不可。有一次,他又如此灌人酒时,对方拿刀将他捅死,随即跑了。政府抓不到人,成了无头案。郭解姐姐很生气,对弟弟说,外甥被人杀了,居然找不到凶手报仇,你有面子吗?姐姐故意不埋葬儿子,以羞辱郭解。郭解大概了解了凶手的去向。凶手害怕了,主动跑到郭解家投案,告诉他事情的真相。郭解说:你杀得对,是我外甥的错。郭解放过了凶手,不再追究责任,然后亲自埋葬了外甥。此事传开后,大家都认为郭解做得公平,他的社会声望更高了。

洛阳有两家人结了仇,当地的十几个大人物,曾先后应邀去调解,都没成功。有人来请郭解出面。于是郭解在夜晚去调解,仇家终于同意和解。郭解对两家人说:你们要将原先来劝解过的人请回来,说同意他们的意见,千万不能说是因为我才同意调解;否则,这些乡绅贤德脸上会难堪的。

郭解名声大了,但为人更加恭谦和低调。到政府机构去办事,他从来不坐大马车。到周边郡国替人调解讲事,能办的,当即办;不能办的,也向人说明理由,不使对方难堪,然后才会接受他人的宴请。所以,各地的头面人物,都以认识郭解为荣,调停大事纠纷常常以请到郭解为幸。本县的小流氓和周边地区的豪强大族们,常常半夜三更找到郭家,请他去自己家做客,为自己增光。在当地,非达官贵人、豪门大族而获如此尊敬者,唯郭解一人而已。

后来，汉武帝为加强中央调控能力，实行强干弱枝政策，命令全国的富豪都徙居首都旁边的茂陵地区。郭解家里事实上很穷，但是官府害怕社会舆论，不得不将郭解列入迁徙之列。大将军卫青为此曾专门向汉武帝说情："郭解家里穷，不符合迁徙的政策。"武帝说："一个普通平民，居然惊动了大将军为他说情，难道不正说明他家是富豪吗？"终于还是将郭解迁徙到茂陵。当地头面人物纷纷送礼给郭解，礼金达到一千多万。轵地政府提出要郭解迁徙的官员是杨季主的儿子，并办理了郭解的迁徙手续。郭解哥哥的儿子因此将杨季主的儿子砍了头。从此，杨家与郭解结下了仇。

郭解移民到关中地区后，当地的贤豪之士，不管认识与不认识，都争相与他结交，"我是郭解的朋友"成为一种社交时尚。郭解身材短小，也不饮酒，出门也没有车骑，非常平民化。不久，杨季主被人杀死。杨家人去长安上访，结果上访的人又在首都被人杀了。武帝知道了，认为是郭解指使人干的，下令逮捕郭解。

郭解得到消息，开始逃亡。他将母亲和家里人安置在夏阳，只身逃到了临晋。临晋的籍少公并不认识郭解，郭解就自我介绍，要求放他出关。籍少公将他放行后，郭解辗转到了太原。郭解在经过之地，毫不隐瞒地说出自己的姓名和行踪。所以，官吏顺藤摸瓜找到了籍少公。籍少公不愿说出郭解的行踪，自杀了，线索才到此中断。后来，郭解还是被官府逮捕。审问了很久，得到他很多的犯罪事实，也有杀人的案子，但全都是大赦以前所

汉卫青墓

犯，所以无法定罪。

郭解老家轵地的一个儒生和皇帝的使者等人一起闲聊，其中一人盛赞郭解急公好义，是个好人。儒生说：郭解专门做违法犯罪的事，怎能算是贤明好人？郭解的追随者知道了，将这个儒生杀了，并割了他的舌头。官吏以此责问郭解，但是，郭解确实不知情。杀儒生的人也没有出来承认，一时成了无头案。官府没办法，上报武帝，准备将郭解无罪释放。

廷前会议上，大臣们各抒己见。御史大夫公孙弘认为：郭解作为一个普通百姓，任侠行权，调解纠纷，于政府并非好事。何况，为一点点小事就杀人，虽然不是郭解所杀；但是，都是因为郭解而起，实际上比他本人杀人还要严重。对他，应当以大逆不道的重罪论处。汉武帝同意他的意见，于是判处郭解和其叔伯兄弟等所有人死罪，灭族。

郭解之死，是因为他的所作所为挑战了君王的权威，并非罪有应得。郭解一直以民间公正维护者的面目出现，代表了社会的一种力量。任何时代，政府都无法垄断一切社会资源，民间的力量，有时更有效、更为人欢迎。但对君王而言，权力、思想、财富、公正等，只有自己垄断了，才会觉得安全，任何对此作出挑战者，总得想方设法予以铲除；而侠客，正是他们所不放心的。

当然，君王不喜欢，并不代表民众不喜欢。人们对侠客的企盼，实际上寄托了底层弱者对社会公正理想的追求。只是后来的所谓侠客，同司马迁时代的郭解相比，是每况愈下，只能在天空中飞来飞去,永远落不了地,侠客梦也变成了白日梦。

底层民众的白日梦,无分东西与黑白。即使是没有君王的当代美国,民众照样有侠客梦,他们写得最好的"武侠小说",是马里奥·普佐的《教父》。不过,他们的拼杀武器,不是用剑,而是枪和美元。

孔子——华美的瓷器

写中华文明，不可能绕开孔子。

我知道孔子，是因为"批林批孔"运动，当时叫他孔老二。直到上高中，才明白，在北方方言里，老二不是一个雅词。靠当年的批判，才知道了孔子的一些话语。真正读完《论语》，还是上大学以后的事，这是真正体现孔子思想的书，也没觉得有多少深奥的理论，不过是一些家常话而已。只是认为这个老头子确实非常可爱，有学问，会唱歌，会驾车，会射箭，时髦的东西一样不落。听到好话他高兴，讲他坏话他骂娘，看到美女也兴奋。这样的牛人和潮人，确实有趣，如果能当他的学生，也十分荣幸。

事实上，他身后所有封王封圣的人间荣耀，同他本人都毫不相干，只是同他在世时受到的冷遇，形成了一个非常鲜明的对比。

孔子学说的核心是礼，是强调等级有别的仁爱。平等意识，似乎没有。契约精神，更没有。他认为什么都可以变通，目的正确了，手段似乎都不重要。孔子的学说，是一个精美的瓷器。如果房子建好了,家具也有了,当个摆设非常合适。如果是战乱时候,到处颠沛流离,带着这个瓷器,反而是个累赘。

到了孟子,他尽管也正气浩然地宣传王道,遍干诸侯,所言"迂远而阔于事情",问题是没人相信、没人照办。他的运气同孔子一样,也不好。但是,《孟子》作为一个学说,作为"百家"之一,在当时有一定的市场。

后代习儒者代不乏人。叔孙通是薛人,秦时以文学征召,为待诏博士。陈胜起义于大泽,盗贼蜂起,二世在廷上问怎么处理,三十多个博士儒生说:这是造反,请陛下发兵剿灭。二世大怒。叔孙通赶紧说:他们都胡说八道。现在四海一家,皇帝英明,人民幸福,天下和谐,谁会造反?有几个小偷小摸的人,不足挂齿,叫小吏去办就够了,不必劳陛下操心。二世说:说得好!将那些说造反的人,都法办了,给叔孙通封了官,赏了衣帛。他的学生们说:您怎么这样拍马屁?叔孙通说:我差点儿没命了。于是逃走了。他先后追随过义帝、项羽等造秦皇反的人。

后来,叔孙通跟定了刘邦。刘邦讨厌儒服,他马上换上短衣楚服。刘邦很高兴。

跟从叔孙通的儒生弟子有一百多人。但是,叔孙通从来没有向刘邦推荐过,他推荐的,都是打打杀杀的强盗勇士。儒生们不高兴:我们追随您这么多年,总得为我们想想。叔孙通说:现在汉王需要的是拿起武器能打仗的人,你们能干得了吗?你们等着,我不会忘记。

刘邦夺取天下后,群臣饮酒争功,醉或狂呼,拔剑击柱,整天老刘老刘地叫，没有一点规矩，刘邦十分头痛。叔孙通对刘邦说：夫儒者难与进取，可与守成。我愿意为陛下制定朝廷礼仪。

叔孙通奉命到鲁地去征集懂礼仪的儒生三十多人。有两个儒生不愿去，说：您服侍过十个主子，靠的都是拍马屁。现在天下初定，死者未葬，伤者未起，民生艰难，礼仪是不急之务，为什么要做这些？您走吧，不要来玷污我。叔孙通笑道：这是没有见识不知时变的腐儒。

在叔孙通一班儒生的训练下，君臣的礼仪终于完成，"自诸侯王以下，莫不振恐肃敬"。刘邦大喜，说：我今天才知道做皇帝的尊贵了！饮水思源，于是给叔孙通封了太常之官，赐金五百斤。叔孙通乘机向刘邦说：我还有一帮弟子跟随多年，这次礼仪制定他们也出了大力，希望陛下也让他们为朝廷服务。刘邦当然同意，将他们全部封为郎官。叔孙通一从朝廷出来，马上把五百斤金分给跟随他多年的儒生郎官们。这些儒生非常高兴：老师啊，您是真正的圣人，总知道与时俱进。

但是，刘邦、孝惠、吕后、孝文、孝景时代，虽然儒生间有任用，并未成气候，总体还是好黄老之术，清静无为。孝景时代，窦太后好《老子》书，有一次问辕固生，这本书如何？辕固生说：这是普通人的平常话罢了。太后怒道：难道还不如一本法律读本重要吗？命人把他丢到动物园中喂野猪。景帝知道辕固生这人性直耿介，无罪，就给了他一件兵器。辕固生幸运地将野猪刺死了。太后没办法，但还是罢了他的官。后来，景帝认为他廉洁正直，又让他当了清河王的太傅，直到他生病回家。

武帝即位以后,向天下征召贤良之士,人们又推荐了辕固生。但是,儒生们都诋毁他,说他九十多岁太老了。同时被征的还有儒生薛人公孙弘,他很不服辕固生。辕固生对他说:你要做个正直的人,不要曲学阿世。

但是,公孙弘以后所作所为,同辕固生所期望的,刚好相反。不过,这个儒生却得到武帝的重用,成为丞相。以后董仲舒的学说受到器重。在武帝的倡导下,黜免百家,独尊儒术,渐渐地,儒学终于成为汉代的主流思想。

以后的历代皇帝们,觉得孔子的学说最贴心,也都依样画葫芦,不断神化儒家学说,神化孔子本人,最后奉之为唯一的宇宙终极真理,任何对儒家学说有异议的言论,都是大逆不道的异端邪说,因此而遭受当局迫害的,两千年间,不知凡几。可以说,将儒家学说定为独尊之后,中华思想的发展基本上是停滞的。我们当然不能说孔子要对此负责,但是,这一局面是由于尊孔造成,则是毫无疑义的。因为儒家强调德治为先,所以,造就了一代代的伪君子。直到清代废除了科举,五四新文化运动兴起,在民主和科学的旗帜下,才将孔子请下了神坛。

不过,走下了神坛之后,作为一个老师,孔子还是不错的,他的《论语》,我也经常翻。我最喜欢的其中一句是:"己所不欲,勿施于人。"

素封，真实的谎言

人是物质的，也是精神的。司马迁《货殖列传》的伟大，在于真实地道出了人类的困境：不论你道德品质有多高尚，不管你是君王还是小民，生存的基础，永远是物质的。没有物质基础，所有的宗教与艺术、思想与精神、自由与尊严，都无法依附。追求财富，几乎是人的本能。天下熙熙，皆为利来；天下攘攘，皆为利往。

司马迁非常坦率地承认：神农氏以前的事情，我不清楚。但是，从《诗经》时代以来，我知道人人都追求口腹声色的享受，这是人的本性。所以，最好的办法，是遵循这一规律，其次是以利诱导，再次是教育，第四是以制度规范，最差劲儿的办法是与这一本性对抗，只唱道德的高调。他非常肯定地说，仓廪实而知礼节，衣食足而知荣辱。

人的管理，就是欲望的管理。人一要生存，二要自由，这两个根本的欲望，都离不开物质的条件。追求财富，并非坏事。

老子认为，最好的社会，是邻国相望，鸡犬之声相闻，老死不相往来。这是开倒车的做法，让人重回愚昧时代，不可能实现。

孔子的学说,从本质上来说,是造就一个伟大的乌托邦。之所以在前期能得到广泛的传播,是因为他有一个好学生子贡,而子贡恰好是个富人。孔子七十二著名弟子中,子贡是个大商人,最富有,出门都是结驷连骑,接待都是诸侯国君。所以,对孔子学说的宣传,他的作用特别大。与孔子同时代的释迦牟尼,创造了佛教,同样,传播者也主要靠国王和商人,他也与两者关系最好。在当时情况下,知识只有依靠权力和财富才能得到传播。

司马迁以非常冷峻的目光,回顾他以前的三千年中华文明史,对着这个喧闹的世界,以十几个财富故事告诉后人:创造财富的人,才是真正改变世界的人。

司马迁写了范蠡、白圭、猗顿、乌氏倮、蜀卓氏、程郑、宛孔氏、曹邴氏、月闲、师史、宣曲任氏、桥姚、无盐氏等全国有名的富人故事。他们大体可以分为四类:勤劳节俭型、商业运作型、科技创新型、政治赌博型。当然,能长久富裕之家,常常是几个因素的综合所致,并非单一致富者。

宣曲任氏是勤劳与节俭致富的典型。任氏的先人,是国家粮库的官员。以前的国王、贵族、官员基本世袭,到秦朝的时候,任家依然做粮管所所长。当秦末大乱的时候,别人抢着存放金钱珠宝,任氏只窖藏粮食。后来楚汉相争,相持于荥阳,战争经年,老百姓无法耕种。所以,一石米达到万金的天价,任氏因此发了一笔国难财。战争结束后,任氏成了货真价实的富翁。但是,这个富翁依然不改本色,非常节俭。别人买田地、牲口常常

贪便宜，任氏从来不这样，他都买最贵、最好的田地与牲口，生产效率高，产出多，所以几代都是富户。尽管如此，任家的家规依然严格：不是自己家生产的粮食布料不吃不穿，公事没做完不得饮酒吃肉。他们一家是当地人的榜样，大家都非常敬重任家。

冶炼，是当时的先进技术，铁器，是最先进的产品。邯郸郭纵、程郑、宛孔氏、曹邴氏，都靠冶铸发家，富甲王侯。蜀地的卓氏，原先在赵国以冶铁起家，是个富翁。秦灭六国后，卓氏财产被秦国没收，人员也被要求迁徙。卓氏夫妇只好推着辇车，跟着迁徙大军前进。被迁徙的人中，有钱的都纷纷贿赂官员，希望留在离家乡近一点儿的地方，靠近葭萌就满意。只有卓氏不这样做，他认为，此地狭窄贫瘠，不宜生产和贸易，反而要求远迁。到了临邛，他发现了铁矿山，就在这里住下，重操旧业，以先进的技术开采、冶炼钢铁，开展贸易，逐渐又成为富翁，家童千人，富可敌国。

贸易流通一直是致富的重要渠道，古今中外皆如此。洛阳处于经济中心，因从事商业而致富的人特别多。许多穷人，都将学习经商当成改变命运的手段。他们常常长途贩运，贱买贵卖，以从中获利。其中的师史最有名，他常年搞长途贩运的大车就有几百辆，分别行走于各郡国之间，为了赶时间争利润，常常是数过家门而不入，他家有资产七千万，是全国闻名的富豪。

桥姚也靠做贸易起家，他做的是边境贸易，以中原的物资与北方游牧民族交换牲畜产品，从中牟利。到了汉朝政府开拓边疆的时候，桥姚已有马千匹，牛几千头，羊上万只，家中贮藏粮食数以万钟,成为当地巨富。

政治赌博型的致富,《货殖列传》中仅有一例。汉朝景帝时,吴楚七国叛乱,东方震动。中央政府出兵平叛,命令首都长安中列侯封君都要上前线。置办马匹、铠甲、军械都需要钱,事发突然,从军的人只好仓促筹资。因为叛乱在关东地区,大家对中央政府能否迅速平定叛乱心存疑虑,也怕参战者身死沙场没人还钱,所以,当地的私营钱庄都不敢向外借钱。只有无盐氏胆子大,他借出了千金,但利息是平时的十倍。幸运的是,这场平叛战争只用了三个月,就以中央政府的完全胜利结束,无盐氏借出的钱和利息全部收回,所以,一年之间,他就骤然发家,跻身关中巨富排行榜。

从历史看,主导社会的力量,不外是暴力(即权力)、财力和智力。文明进步的体现,是后两者起的作用越大、前者的作用越小。因为财富和智力创造,都以限制王权、尊重私产、平等契约为前提,如果权力随时可以剥夺财富,富人就无法长期生存。中国历代王朝,即使和平时期,王权对富豪们的财富掠夺,也时常发生,除了权贵之家,富户很难久存。加上王朝更换频繁,私有财产更得不到保障,财富最后都为权力者通吃,知识也只为权力服务,结果是"万财归权""万智归权"。所以,社会形态总是呈低水平的循环状态,起决定作用的,依然是最低层次的暴力。

司马迁说,亿万富翁可以与王者同乐,他们是不戴王冠的王者,即所谓的"素封"。如果真的能实现财富与权力的平等,那社会就真的有了希望。让这位先哲没有料到的是,在此后漫长的历史里,我们并没有多少进步,他的预言,也成了一句真实的空话。

以后的两千多年,在王权更替中唯一能保持富贵的,仅孔子一家,是货真价实的"素王"。代价是,孔家丧失了祖先的尊严和自由,彻底沦为权力的工具。

生子当如博望侯

我一直怀疑,能够创造夸父逐日神话的民族,怎么会缺少万里远征的孤胆英雄。汉有张骞、苏武、班超,晋有法显,唐有玄奘,但此后,就如晨星寥落。我相信,这样的人,汉以前肯定不少,只是缺少像司马迁这样的历史学家的记载,他们的事迹就像当年的恐龙一样,消失在万里黄沙中,从此不为人知。

出现在我们视野里的第一个英雄,是张骞。

张骞是汉中人,武帝建元年间担任郎官。汉王朝为了彻底解决匈奴边患,决心与这个飘忽不定的游牧民族决战。有情报说,匈奴人打败了月氏,将月氏王的头颅制作成了饮器,月氏的残部逃往远方,一直想报仇。汉武帝认为,如能联络上月氏,与他们共同夹击匈奴,是最好的选择。联络月氏,必须要经过匈奴占领区,风险很高。于是,国家公开招募使者。张骞慨然应募。建元三年(公元前138年),他作为大汉皇帝的特使,去往月氏国。当时随从有一百多人,堂邑氏的西域人甘父也同行。张骞一行从陇西出汉关,进入了匈奴人控制地区,被扣留。张骞被送到匈奴最高首领单于处,单于不让他们走,说:月氏在我们的北面,汉使如何能去？如果我要派使臣经过大汉去南方的越国，汉皇帝能同意吗？张骞被迫留居胡地十多年，匈奴给他娶妻，妻子也生了儿子。但是，张骞一直不肯放弃初衷，随时保留着"汉节"。

"节"是代表皇帝身份的信物，由使臣持有。汉节"以竹为主，柄长八尺，以牦牛尾其眊三重"。汉一尺约合今二十三厘米，可知节是高一米八，束有三重用牦牛尾制的节旄。以后的苏武，作为汉使，同样也不放弃汉节，表示了对祖国和皇帝的忠诚和不屈的气节。

后来，匈奴人的看管松懈了，张骞就和他的部属逃离匈奴，向月氏方向奔走。向西走了数十日，到了大宛。大宛国知道大汉富裕文明，十分向往，一直想联系而不得。见到张骞等人到来，非常高兴，问：你们要去哪里？张骞说：我们是汉皇帝的使臣，准备去月氏国，路上被匈奴人禁锢。这次逃出来，希望大王能给我派个向导，如果能到达月氏，我回去后，大汉天子一定会给你们重赏。大宛王当然相信。他专门给汉使团派了向导，一路上让当地政府接待。到了康居国，该国王又派人将汉使团送到了月氏国。大月氏王被匈奴杀掉后，他的儿子已经为王，国人也迁徙到了大夏，这里土地肥沃，生活安逸，没有灾害，他们根本没有了报复匈奴的雄心。张骞反复劝说，都无法打动月氏王的心。在那里逗留了一年多，张骞等人无功而返。

返回途中经过匈奴地区，又被他们扣留。过了一年多，匈奴老单于死了，国内为争夺王位发生了动乱，元朔三年（公元前126年），张骞乘机带着胡妻、随从堂邑甘父回到祖国。这一次出使，先后计十三年，去时使团有一百多人，回来的，只有张骞和堂邑甘父两人。

张骞体质非常强健，为人也宽仁大义，就是匈奴等外国人也都喜欢他。他的随从堂邑甘父本来就是西域胡人，善于射箭，在断粮时，全靠他射击禽兽为生。回国后，汉武帝为表彰他们的功绩，封张骞为太中大夫，堂邑甘父为奉使君。

这次张骞出使，没有完成既定任务，但是，张骞的使团到过匈奴、大宛、大月氏、大夏、康居等国，对西域的地理、物产、风俗习惯有了比较详细的了解，他将葱岭东西、中亚、西亚，以至安息印度诸国的位置、特产、人口、城市、兵力等，都向皇帝做了详细汇报，为汉朝开辟通往中亚的交通要道提供了宝贵的资料。司马迁称张骞的壮举为"凿空"，对以后举世闻名的丝绸之路的开辟，具有划时代的意义。

在以后汉朝对匈奴的战争中，张骞充当随军向导，建有军功，封博望侯。

元狩四年（公元前119年），汉武帝再任张骞为中郎将，率三百多名随员的外交使团，携带马六百匹，牛羊金帛万数，浩浩荡荡地第二次出使西域。此次出使，因为匈奴已被逐出漠北，大汉国威大增，使团一路备受欢迎。为扩大与各国的联络，张骞派遣副使分别赴大宛、康居、大月氏、安息、身毒、于阗、扜弥等国展开外交活动，足迹遍及中亚、西南亚各地，使者最远到达地中海沿岸的罗马帝国和北非。张骞等人的出使，扩大了汉朝的影响力，提升了汉朝在诸国中的形象。

第二次出使返回后,张骞官拜大行,位列九卿。次年,元鼎三年(公元前114年),外交家、探险家张骞去世。这位诞生于公元前164年的人,只活了五十岁,他为汉民族创造的业绩,却足以让后人万代景仰。

由于博望侯张骞在西域的崇高威望,以后出使的人,都称博望侯,以借助他的影响力。有确切记载的走向世界的中国人,张骞是第一个。

西汉名将陈汤上书皇帝说:"明犯强汉者,虽远必诛。"这样豪迈的语言,在汉以后的时代里,没有再现。张骞能够"凿空",一方面是他的品格和能力,另一方面,也倚仗了强大的大汉作后盾。汉代,是阳刚与英武的时代,长达几十年的驱逐匈奴之战,极大地拓展了汉民族的生存和发展空间,提高了汉人的国际地位,我们的民族也因此得名;但是,汉武帝好大喜功,缺少平等之心,渴望"万邦来朝",为了得到西域各国的"朝贡",只讲排场不讲经济,其间所费,不可胜计,弄得国贫民疲。

宋代辛弃疾说:生子当如孙仲谋。孙权,不过是内战的军阀而已。生子当如博望侯,才是我们的企期。

以己任为天下

如果对全球的所有历史学家进行排名，司马迁应是当之无愧的第一：一是他写了东方三千年的文明史，二是他开创了纪传体历史的新时代，三是他的思想光芒一直烛照着东方文化两千多年而不衰。号称西方"历史之父"的希罗多德著有《历史》一书，他被称为西方史学与文学的奠基人，但是他除了比司马迁早出生三百多年之外，《历史》在其纪录长度、真实性、文学性和影响力上，根本无法同《史记》相提并论。

司马迁，字子长，汉代伟大的史学家、思想家、文学家，夏阳（今陕西省韩城市）人，他的《史记》，记载了上自古传说中的黄帝时代，下至汉武帝太初四年（公元前101年），共三千多年的历史。全书包括十二"本纪"、三十"世家"、七十"列传"、十"表"、八"书"五个部分，共一百三十篇，五十二万六千多字。司马迁以其"究天人之际，通古今之变，成一家之言"的史识，使《史记》成为中国史学著作的"绝唱"，对后世的影响极为深远。后世尊称其为史迁、太史公、历史之父。

司马迁有着作为伟大史学家的条件：司马家世代贵族，史学世家,父亲司马谈是历史学家,曾任太史令,他把修史作为自己神圣的使命,可惜壮志未酬,司马谈将这一遗愿郑重地交给了儿子。司马迁从小就受到良好的教育,具有一个卓越史学家充分的学识;他二十岁即壮游全国,他游江淮、探禹穴、涉汶泗、浮沅湘、过梁楚,后来还西征巴蜀、南略邛笮,走遍祖国的大好河山,深入体察山川、人情、风物,为他以后著史打下了坚实的基础,写人状物,无不如临其境;司马迁继承父职当了太史令,有着接触皇家图书档案的便利条件,得到了当时大量的第一手资料;更为重要的是,作为史学家和思想家,司马迁有着强烈的使命感,他认为,周公死后五百年有孔子,孔子死后也有五百年了,总结和传播中华文明前三千年的使命,神圣而庄严地落在了自己头上,"小子何敢让焉!"

正在勤奋写作的时候,天汉二年(公元前99年),司马迁惨遭"李陵之祸"。在与匈奴的战争中,名将李陵战败被俘。在当朝衮衮诸公众口一词的讨伐中,司马迁为"有国士之风"的李陵讲了几句公道话,不料却忤逆了汉武帝之意,被捕下狱。后来,又有消息误传,说李陵已经投降匈奴,在为他们练兵,汉武帝一怒之下,将李陵老母、妻子全部杀死。李陵得知消息,终于心灰意冷,绝了回国报效的念头。司马迁因此被判定死罪。当时,要想不死,有两条路可走:一是以钱赎罪,二是接受腐刑,即被阉割。司马迁无钱可赎,又不愿意父亲的遗愿半途而废,为了完成《史记》,于是接受了最大的屈辱——腐刑。

受刑后的司马迁,忍受着常人难以忍受的巨大精神痛苦,发愤著书，在征和二年（公元前91年），终于完成了伟大的《史记》。他让中华前三千年的文明，栩栩如生地呈现在世界的面前，司马迁也因此青史留名，万世不朽！

司马迁是真正的国士典范。他的目光，超越了他所处的时代。纪录历史真相，探索文明发展的规律，以真达成善与美，是他追求的目标。他没有认同暴政，认同强权，而是站在人类良知的立场上，写他所看到的整个世界。他的身上，洋溢着中国最优秀士大夫的气质：对自由和正义，有永不放弃的追求，对生命和尊严，有持之以恒的维护，对理想和信念的实现，有奋不顾身的战斗激情，对人类苦难，有着感同身受的深切怜悯。他置伯夷、叔齐于列传卷首，失败的项羽照样列入帝王本纪，认定匈奴南越都是黄帝子孙，承认财富创造必将改变世界……他以自己的言行，给后世的士人树立了一个崇高的榜样：如何在时代的变迁中保持自己的独立和尊严。

什么样的人，会写什么样的历史。司马迁写《史记》，是为了"究天人之际，通古今之变"，是为了三千年来从神权下走出来的伟岸的人。皇帝与平民、将军与士兵、贵族和奴隶，在司马迁的笔下，都还原为同样价值的人，所有人的努力，都是对自由和平等的追求。他笔下所颂扬的人物，都是阳刚的、豪迈的、挺立的、生动的，哪怕两千年后，我们依然可以听到他们在呼吸。《史记》教人明白，什么才是真正的人！

司马迁是一个真正的强者，他有着强烈的悲剧意识，是真正懂得生命意义的人，所以他将《史记》谱成了一曲曲英雄主义的

史圣墓

2014.10.17 下午 拜谒，陕西，韩城。

赞歌。读《史记》，不可不读《太史公自序》和他写给朋友的信《报任安书》。这两篇文章，是解读司马迁内心世界的最重要的钥匙。每次展读，都热血沸腾，都为他坚强的意志、庄严的使命感所感动。别人以天下为己任，而司马迁则以己任为天下：我是什么样子，世界就是什么样子；我不倒下，世界就不会倒下。他以《史记》，宣告了一个事实：捍卫自己生命尊严的，可以是死，更可以是完成自己的使命。即使在汉武帝专制的黑夜，也要点燃自由的星星之火。

我为什么如此钟情《史记》，非要从中华文明的源头寻找现代性？是因为宋代之后、元明以下，士大夫都俯伏于专制王权之下，独立、自由、平等、诚信的民族精神消失殆尽，善良、阳刚、尊严、理性的人格特征已成稀有元素。

在21世纪，我们要融入世界，除了汲取人类的共同文明成果之外，必须在文化上实现凤凰涅槃，这就得从自己清澈的文明源头上重新出发。而《史记》，正是三千年文明汇聚成的灵泉活水，这里有着与现代精神契合的无尽文化宝藏，是中国人永不熄灭的精神灯塔。

陈胜：苟富贵，易相忘

陈胜是中国历史上的知名人物，他有两句最有名的话：一句是当佣工时候说的："苟富贵，无相忘！"另一句是起义时候说的："王侯将相宁有种乎？"

后一句他说对了，并且他用自己的实践证明，王侯将相谁都能当，陈胜本人就当了六个月的陈王。在他起义之后，项羽、刘邦等原非王侯而称王称霸者数以十计，更多的造反者出将入相，而且当得也不比别人差；但前一句他讲错了，并且自己也没有做到。

陈胜为王后，原来的老朋友都找上门来。看到他住在华丽的宫殿里，都惊叹不已：陈胜做大王真阔气啊！按照陈胜当年的想法，现在富贵了，应当给穷朋友一点好处。事实上恰恰相反，因为老伙计知道陈胜的底细，陈胜怕他们说出去有损自己的光辉形象，把他们全给杀掉了。

为什么陈胜怕老乡？问题在于造反初期的手段。

陈胜的起义，基本力量是九百戍卒。他本人是其中的一个小队长，要统率这群乌合之众，必须树立威信。在非常时期又要在短时间内树立权威谈何容易，他借助的是"神"的力量，将写有"陈胜王"红字的丝帛放在鱼肚里，然后让戍卒买回来。又让吴广去住宿地旁的神祠中点鬼火做狐鸣："大楚兴，陈胜王！"这样的造神运动在当时的历史条件下非常成功，不明就里的戍卒们都在议论陈胜，认为他称王是天意，所以在杀死朝廷军官之后，对陈胜造反的建议"敬受命"。除了吴广等少数人，谁知道陈胜幕后的举止呢？他变成了神的代言人，成了王。而老乡们不会相信这一套，因为他们和陈胜一起种过地，打过粮，知道陈胜的底细。陈胜当然不愿真相大白于天下，只能将他们一杀了之。

陈胜的这一杀，为自己的短命埋下了祸根。他的旧部下不免兔死狐悲，也害怕延祸及身，一个个离他而去，他重用信任朱房、胡武等辈，以苛察为务，动辄治罪，表面的威信是树起来了，但将士们再也不愿效命。结果，众叛亲离，陈胜本人也被他的马夫庄贾所杀。

作为一个领导人，要树立自己的威信无可非议，问题是用什么方式。在王权专制时代，所有的草莽英雄在夺得皇帝宝座之后，无一例外地开始造神运动，为的是让百姓相信，他是天子，他的君权是上天授予，他做皇帝，不是靠兄弟们拼杀得来，而是老天爷早就安排好的。造神运动加上大刀砍杀，树立皇帝的绝对权威自然非常容易。

陈胜当了短短的六个月陈王，尚来不及回故乡，也可能是不敢回故乡。项羽与陈胜是同时代人，这位英雄也有名言，在看到秦始皇出行的威仪时，感叹说："彼可取而代也！"项羽在推翻了秦帝国之后，就急吼吼地要回故乡，他说：富贵不归故乡，如穿着锦衣华服夜里行走，谁知道呢？有人评价说：人家说楚人是沐猴而冠，果然如此。项羽听到后，就把这人烹掉了。

相比之下，最后取得胜利的刘邦回故乡和对故人的态度就显得宽容大度多了。他看到过秦始皇，叹息说："嗟乎，大丈夫当如此也！"他在做了皇帝之后，回故乡大宴故人父老，自作歌曰："大风起兮云飞扬，威加海内兮归故乡，安得猛士兮守四方！"在故乡流连十余日，尽欢而返。他并不讳言自己当年游手好闲不治产业，不如他兄长勤快。

陈胜如此塑造自己的光辉形象，到头来，却谁也不相信他是神。项羽当了五年的楚霸王，最后兵败垓下。当别人劝他东渡乌江，招兵再战时，项羽拒绝了：我无颜见江东父老！最后自刎而亡。连李清照也赞叹他："生当作人杰，死亦为鬼雄。至今思项羽，不肯过江东！"而刘邦呢？史书上说，他是他妈刘媪和蛟龙在大泽之陂野合而生的，本身就是龙种。看来，陈胜是太急了一点，项羽也未免孩子气了一点，要不，如果是他们做皇帝，蛟龙也会看上他们的妈妈的。

从我们的历史看，造神是历代王朝的专长。同时，苟富贵，易相忘，也是帝王们的一大传统。

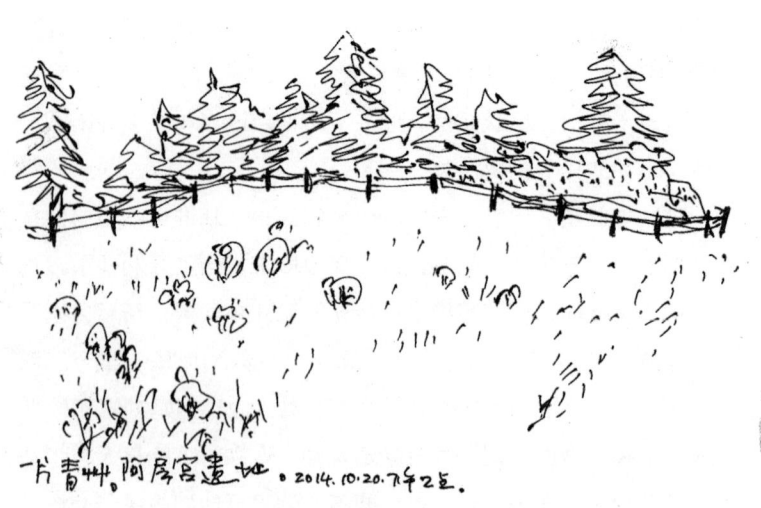

一片青草,阿房宫遗址。2014.10.20.下午2点。

赵奢、赵括：知人者智，自知者明

"知人者智，自知者明"出自老子的《道德经》第三十三章。当年樊迟曾问孔子："什么是智？"孔子说："知人！"看来，两位伟大的思想家对智者的定义，是完全一致的。读《史记》，发现有知人之智者比比皆是，其中不乏功成名就之士。也有的，并无什么建树，名气也不大，但知人的识见超群，眼光独特，不能不让人佩服。

陈平是汉丞相，年轻时穷困潦倒，娶不起老婆。当地的富翁张负在经过一番考察后认为，陈平不会是一个长期贫贱的人，坚定地把孙女嫁给他，不但送了一大笔嫁资，还告诫孙女说不能因为陈家穷而侍奉不周。张负的判断果然没错。世间从来是锦上添花者众而雪中送炭人少。张负的确是个奇人。

商鞅（即公孙鞅）的事业在秦国成就，他的变法使秦国兵强国富，但他是秦国的引进人才，他起先在魏国相公叔痤手下做事，公叔痤十分赏识他。公叔痤病重时，魏王去探望，并问接班人的事，公叔痤推荐说：商鞅虽然年轻，但可以担任相国重任。魏王默然不语。魏王临走时，公孙痤又对他说：大王如不用这个人，就杀掉他，不要让他出境。魏王同意了。公孙痤在魏王走后，急召商鞅说：今天国王问我谁为相国合适，我推荐了你，国王没同意。我是先公后私，因而又对国王说，如不用你，就杀掉。他答应了。你赶紧跑吧，不要被他抓着。商鞅说：魏王既然不肯信你的话用我，又怎么能信你的话而杀我呢？商鞅没有走，果然太平无事。不久，商鞅西入秦国，得到重用。十几年后，商鞅率领秦军攻打魏国，迫使魏国割河西之地求和，并且不得不从安邑迁都大梁以避秦国的锋镝。到这时，梁惠王才后悔道："我恨自己当初不听公叔痤之言。"这说明梁惠王对公叔痤也不甚知。而商鞅在知人上，更高人一筹。

廉颇、蔺相如是将相和的典范。在赵国，蔺相如被破格起用，就因为宦者令缪贤的推荐。缪贤先生向赵王推荐蔺相如的理由是：我曾经有罪，想逃到燕国去投靠燕王。相如劝止了我，认为赵强燕弱，燕王肯定会把我绑送回赵国。只有求大王开恩才是唯一出路。所以我知道他是个勇士，有智谋。蔺相如在奉和氏璧出使秦国中，不辱使命，完璧归赵。后来又在渑池的赵、秦两国首脑会议上，斗智斗勇，取得了外交斗争的胜利。更难能可贵的是，蔺相如恢宏大度，忍辱负重，不与廉颇意气相争，终于感动了老将，两人从此结为刎颈之交。可以说，没有缪贤，就没有蔺相如的功业。

知人难，难在预见的准确性。赵奢是员虎将，儿子赵括从小就学兵法，同父亲辩论兵事，老子还要拜下风。但知子莫若父，赵奢仍然说：赵国不让他当将军就罢了，如果让他当，必定失败。蔺相如也反对以赵括为将,认为赵括纸上谈兵,徒有虚名。后来赵王中了秦国的计,任命赵括为三军元帅,结果,数十万大军全军覆没。赵奢、蔺相如虽有知人之智,却无用人之权,只能是徒唤奈何。看来,有知人之智的人越是权高位重,就越能发挥作用。反之,人微言轻,纵能透视百年后事,亦无以用万一。平原君赵胜先生自谓善识人,却失之于毛遂,自此"不敢复相士",可谓尚有自知之明。

相比较而言,知人的智者众,而有自知之明者寡。韩信是个军事天才,纵横天下无敌手,但在汉定有天下、人心思安之时,却萌生反志,与陈豨相约"图"天下,结果落得夷三族的下场。即使英明如廉颇者,亦有不明之时:他被免去赵国三军元帅之职时,故人门客尽皆离去。后官复原职,故人门客又归附。廉颇说:你们都走吧!门客说:唉,你的观念真落后啊!交友之道,同市场交易是一样的。你有势,我们跟你;你失势,当然离开。这是天经地义的事,你有什么好埋怨的!齐国的孟尝君田文为齐相,以养士三千而闻名当世,也遇到过类似的问题。他曾被齐王罢相失势,三千门客齐去。后来,在冯骥的努力下,又复为齐相,散去的三千门客又重归门下。孟尝君大怒,对冯骥说:我一定将他们羞辱一番。冯骥开导说:富贵多友,贫贱寡交,这是规律。希望你还是像以前一样对待他们。好在廉颇和孟尝君都还是明白人,从善如流了。

人无自知之明,是由于总把附益于自己的东西如地位、权力、金钱等当成了自己的本质,把贪婪当成了雄心,并在其中迷失了自己。感叹世态炎凉者,是年轻人尚可理解,如果是饱经风霜者、是中老年人,则难以使人同情,让人感觉是矫情,甚至于是装嫩。真正的仁者是在洞悉了人性的种种黑暗之后,依然满腔热情地爱所有人,以悲天悯人之宽大胸怀包容世界,并为这个苦难的人间多播撒爱的种子。如佛祖,如孔子,如耶稣。可惜的是,圣人总归是少数派,哪怕是目光如炬的哲学家老子,也没有圣人和仁者的胸怀。

人如果都有一点自知之明,则天下就会清静许多。雅典的神殿上刻有一句话:"认识你自己!"

但这个大千世界,却也正由于智者众、明者寡而显得丰富多彩,多了许多闹剧和荒唐,也多了横生的妙趣和各式各样的幽默。

刺客：不以成败论英雄

《史记》是充满悲剧色彩的英雄主义赞歌。在司马迁笔下的人物画廊里，有一百二十余个大大小小的悲剧人物：宁死不肯过江东的项羽，社会改革祭坛上的牺牲者吴起、商鞅、晁错，位高震主而遭屠的韩信、彭越、黥布，因才遭谗受害的司马穰苴、韩非、信陵君、白起、伍子胥，舍生取义的伯夷、叔齐、屈原、李同，为报仇雪恨而忍辱发愤的范雎、孙膑、勾践……这些悲剧人物，他们的人生信念、生活目的各不相同，有高下之分，但他们不认命、不逆来顺受，敢于直面人生而抗争的精神都是一致的。他们为实现自己的人生价值，奋不顾身、勇往直前，体现出人的不可征服的力量，这种力量超越了人生的悲苦和命运的凄凉，给人以力的震撼和希望，显示出一种崇高、庄严的壮美。

人生本来无所谓意义，但一个生命一旦确定了远大目标并为之努力奋斗，这个生命就有了意义。我曾对朋友说，如果只能带一本中国书，我肯定选《史记》。读《史记》，让人感觉到生命的不可屈服，人的尊严不可侵犯，充满了人类的自豪和对人类理想追求的激情，让人不愿、不忍、不甘、不会当奴隶。而《汉书》

以后，每况愈下，人的精神逐步矮化，奴性渐浓，阳刚之气消失，充满了阴柔和诡计，教人要么做主子，要么当奴隶，独难寻到一个尊严、自由、大写的人。

读《史记·刺客列传》，则另有一股沛然英雄之气扑面而来，让人热血沸腾，让人看到人之所以为人的生命的灵光。

《刺客列传》写了五位刺客：曹沫、专诸、豫让、聂政、荆轲。成功地完成使命的有三位：曹沫是鲁国的将军，与齐国三战三败，不得不割地求和。在齐鲁盟会上，曹沫执匕首劫持了齐桓公，迫使他签订了合约，退还了侵占的鲁地。专诸将匕首放进煮熟的鱼腹中，趁上菜之机，在千百人的卫兵丛里为吴公子光刺杀了吴王僚，使光成为吴王。聂政为严仲子报仇，在防卫森严的韩国相府，单刀直入刺杀了侠累。

而豫让和荆轲没有成功。豫让因智伯"国士遇我，我故国士报之"，"士为知己者死"，要为死去的智伯向赵襄子报仇。第一次行刺被执，赵襄子认为"彼义人也"，放了他。豫让"又漆身为厉，吞炭为哑"，再次行刺，又被发现。面对死亡，豫让只要求取赵襄子的衣服击斩它，以表示报仇雪恨之意，然后"伏剑自杀"。"死之日，赵国志士闻之，皆为涕泣。"

荆轲是司马迁着墨最多的刺客，也是一位失败的英雄。当时，秦王雄心勃勃，欲一统天下，燕国岌岌可危。燕太子丹想求得喘息之机，阻止秦军继续北进，为解燃眉之急，决定刺杀秦王，以图侥幸。于是，这一历史的重任落在了"好读书击剑"的荆轲身上。刺客是出手的标枪、离弦的箭，不管成与不成，几乎没有生还的可能，必须抱有必死的决心才行。所以，燕太子丹等易水送别荆轲时，是白衣白帽，着的是丧服，唱的也是挽歌："风萧萧兮易水寒，壮士一去兮不复还！"荆轲见秦王时，带了秦国亡将樊於期的头和燕国奉献国土的地图。"图穷而匕首见"，上演了一场惊心动魄的打斗；但荆轲临时改变了刺杀秦王的初衷，欲效法曹沫，劫持秦王签订和约，结果，劫持不成，自己反喋血秦廷。

以荆轲论，即使劫持秦王签下和约，也无法阻挡秦国隆隆北进的战车，一心要独霸天下的雄主会被一纸契文约束？中外历史上从来没有过。而且，即使秦王遇刺身亡，以秦之强，照样会灭掉六国。但为什么失败的英雄照样被人赞叹？因为不管意愿成功还是不成功，他们都有着明确的理想或目标，肩负着坚定执着的信念，勇往直前，视死如归。千古艰难唯一死。能做到这样的人，天下能有几个？

同样作为副使的秦舞阳，尽管十三岁即杀人，谁也不敢惹他，号称勇士，但捧着地图一进秦廷，即"色变振恐"，不敢移步。而荆轲在刺秦前，许多侠士如盖聂、鲁句践都认为他怯懦。荆轲与燕国的高渐离是知己，高是狗屠，善击筑，常"酒酣以往，高渐离击筑，荆轲和而歌于市中，相乐也，已而相泣，旁若无人者"。荆轲死后，高渐离为朋友报仇，尽管被秦王弄瞎眼睛，但他利用为秦王演奏的时机，"举筑扑秦皇帝，不中"，慷慨赴义。

同那些成功的英雄相比，这些失败的草莽英雄更真实，也更令人赞叹。

韩信：恩仇之间见度量

人的一生，富贵贫贱都有可能出现。一般地说，由贫贱入富贵已是不易，由富贵转贫贱则更难。骤得富贵者，往往举止乖张，不知所措。几起几落之人，有的可能会在识得人生的悲欢离合、沉浮穷通之后，变得豁达和善良，也有的则在历经世态炎凉、看穿了人间关系无非"利害"两字后，变得更为冷酷、孤独和不近人情。从功成名就之后对故人的态度中，大体可以看出一个人的胸襟和气度。

韩信少时不事生产，常从人寄食，人多厌之。有一阶段，在南昌亭长家白吃了几个月，亭长老婆很不高兴，一次故意早早吃了，等韩信去时，已没有饭，韩信很气愤，从此不去了。后来一个洗衣妇看韩信可怜，让他白吃了几十天饭。韩信说：我今后一定重重报答你。洗衣妇怒道：大丈夫自己找不着饭吃，我看你可怜才施舍，难道我指望你报答吗？淮阴恶少也欺侮韩信，说：你虽然长得高大，好带刀剑，但是个胆小鬼。他一起侮辱韩信：你如果不怕死，用剑刺我，怕死，从我胯下钻过去。韩信想了很久，终于从恶少胯下爬了过去。

后来，韩信发达了，被封楚王，他赏了洗衣妇千金。而给那位南昌亭长，只有一百文钱，并说：你是一个小人，做好事不能坚持到底。又召来了侮辱自己的恶少，让他当了中尉，负责巡城捕盗。韩信对部下说：他是壮士。当时他侮辱我，我怎不想杀他？杀他没名气，忍受了，所以才成就了今天。

韩信是秦末汉初的天才军事家，但在待人接物上，我觉得他有诸多不足称道处。在对待南昌亭长上就有点小孩子气。你得意之后，忘了他倒也罢了，但偏要专门寻他羞辱一番。人家给你白吃了几个月，还被骂作小人，实为不该。

李广是一代名将，在抵御匈奴的战争中，屡建奇功，人称"飞将军"。他因罪被革职为平民。有一次晚上出去饮酒，回来时经过霸陵亭，霸陵尉喝醉了酒，呵斥李广，不让他通过。李广的随从说：这是旧任李将军。霸陵尉说：现任的将军尚且不得犯夜行路，何况是旧任的！勒令李广住在驿亭中。不久，匈奴犯边，汉武帝重新起用李广，派他任右北平太守。李广马上征召霸陵尉一起去前线，到了部队就斩了他。李广是员虎将，但在这里他却是一个不折不扣的小人。霸陵尉即使势利，但他禁止夜行，也是忠于职守的行为，怎能滥杀无辜？李广一生战功赫赫，一心想封侯，但至死没有如愿。相面先生王朔说他是因为滥杀了八百多个降卒的缘故，我看，他连霸陵尉都杀，恐怕与他有小过节的人他都不会放过，如此小肚鸡肠，不得封侯，不亦宜乎。

在这点上，汉高祖刘邦就显得大度多了。刘邦为亭长时，曾到首都咸阳服徭役，同事们都送了工资的十分之三为礼，独萧何

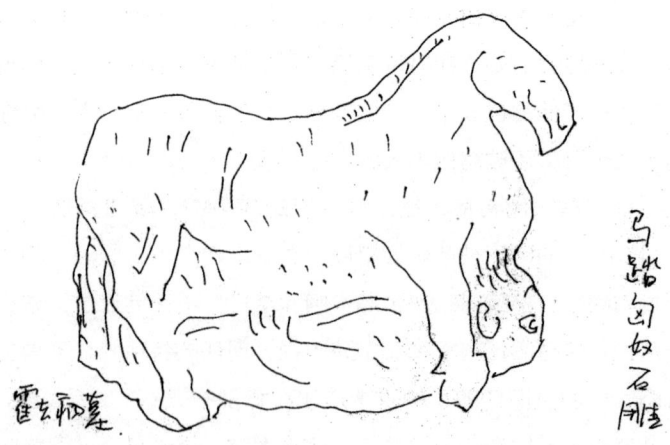

一个人送了俸禄的一半。刘邦当了皇帝之后，封萧为赞侯，又增封了萧何二千户，以补偿他当年多送的二成俸禄。当然，刘邦也有看不顺眼的人，雍齿就是一个，他曾多次羞辱刘邦。但刘邦当上皇帝后，却听从张良之言，不但不杀他，反而论功行赏封他为什邡侯。这一招果然很灵，其他争功不息的部下们都安了心：连雍齿都能被封为侯，我们肯定没有问题了。

苏秦是战国时的著名策士，凭三寸不烂之舌，纵合六国西抗强秦，身佩六国相印。当年他困厄之时，兄弟嫂妹妻妾皆窃笑之，显达之后，他们又一反故态，极尽恭顺之能事。苏秦笑问其嫂：为什么前倨而后恭？嫂答：因为你现在地位高，钱财多！苏秦感叹道：同样我一个苏秦，富贵了则亲友敬畏我，贫贱了亲友则又轻慢我，更何况别的人。假如我当年有两顷良田，我就不会发奋，也不会佩六国相印了。于是他散千金给自己的亲友。当年借给他百钱的人，苏秦以百金偿之。凡是以前给了他帮助的，都一一报答。其中一个人没有得到好处，就找苏秦问话。苏秦说：不是我忘了你。当年你和我一起去燕国，在易水边你再三要离开我。那个时候，我处境十分困难，非常期望你的支持。所以，我迟点报答你。

苏秦因以口舌而位至卿相，故多有不称其为人者。但从他只报恩不报怨来看，的确非常人可比。以苏秦之智，不会不知人性之阴暗与不可移，但他一笑置之。正如世事洞明的孔子所说，鸟兽不可与同群，我不同他们在一起又和谁在一起呢？这才是真正的智者、明者、慧者和仁者。

以德报德易，以德报怨难。在这点上，苏秦做得比韩信、李广有气度、有胸襟，也更高明。

韩非：照耀两千余年的思想光芒

有人说，国家不幸诗人幸。其实，诗人何尝有幸，幸的是后人，得到了他们的成果。思想家也相似。春秋战国时期，国家分崩离析，战乱不断，但正是这个时代，产生了老子、孔子、韩非子等伟大的思想家。前两个人，分别成了道教、儒教的偶像，而法家韩非，虽然其学说影响至深至广，但其地位似乎远没有老子、孔子高，并且，法家的代表人物们，结局都不大好，韩非本人也遭杀害。

我第一次接触到法家，是"批林批孔"时的尊法贬儒运动。以后慢慢地能读懂法家著作的原文，才惊叹于法家思想的深刻和影响的巨大。而且，对中国历史愈了解，愈加震悚于韩非学说的刀刀见血。我至今仍然认为，对中国主流社会影响最大的思想非儒非道非佛，而是法家。中国思想家里，韩非最使人折服，对人性的洞悉，数韩非最深刻。

韩非不是法家学说的创始人，而是法家思想的集大成者。法家思想的产生，自管子、晏子即已开端，前期代表人物有李悝、商鞅、吴起、申不害、慎到等。到了韩非，才将法家的思想加以总结、归纳，形成了一个严密而有序的思想体系。

韩非是韩国的贵族，生年已不可考。他喜欢钻研刑名之学，也钻研过黄老之术，曾在荀子的门下和李斯同学。李斯觉得学问不如他。韩非是韩王孙，因得不到重用，就退而著书立说。他的文章广泛传播，而且流入秦国。秦王（即后来的秦始皇）嬴政看到拍案叫绝："嗟呼！寡人得见此人，与之游，死不恨矣。"韩非的同学、秦相李斯说，韩非不但活着，而且就在韩国。秦王为了急于得到韩非，便于公元前233年发兵攻韩。因美女而起的战争，中外很多，但为求才而战，确乎少见。秦强韩弱，韩王只好把自己不重用的韩非送到了秦国。秦王与韩非一谈，便引以为知己。李斯怕老同学得势夺去他的地位，就进谗说：韩非是韩王的公子，您要统一中国，但他毕竟是韩国人，不会帮秦国，这是人之常情。您既不能用他，又久留不归，这是自找麻烦，不如杀了他。秦王听了李斯的话，把韩非下狱治罪。李斯使人送毒药给韩非，逼他自杀。不久，秦王后悔了，派人赦免时，韩非已经死了。

韩非虽死，但他的哲学思想、政治理论却在秦国得到了完全的实施。在他死后十二年，秦王统一了中国。

韩非的法家思想，是为统治者设计的社会管理理论体系。他认为，人"性恶""好利"，利害关系是人类的唯一社会关系，不仅君臣之间、医患之间是相互利用关系，即使是家庭之内的父子、夫妻之间，同样充满了利害关系。他认为，天子不是由上天的意志决定，经济生活才决定历史，而且"世异则事异"，必须与时俱进。因此，以王权为中心，他提出了法、势、术统一的理论：治理国家必须实行法治（而儒、墨主张以仁义治天下，韩非认为是不能实现的空话）。推行法治必须掌握政治上的权势，人君必须有权势才能实行法治。有势而无术（权术、领导艺术），则会大权旁落，人君得不到利益。人君不能相信人间有真正的互相信赖和忠诚，只能以重刑、厚赏的手段，法、势、术相结合，才能建立起中央集权的国家。

从秦始皇开始，韩非的思想实际上一直是中国政治思想的主流，但无一例外地披上儒家那一套仁义道德的外衣，即所谓的"儒表法里"或"阳儒阴法"。只是韩非的政治学说太坦率，他们不敢宣扬而已。历代统治者不断加高孔子的帽子，封号也越来越长。明清之际，已在每一个县都建有大成殿四时祭孔，让全国的老百姓特别是知识分子学习儒家学说，作为全国的指导思想，以致有人认为中国的国教是儒教。但皇帝对自己的儿子，则是要求认认真真学习韩非的法家理论。

作为一个思想家、政治理论家，韩非无疑是成功的，因为他的思想光芒烛照着中国两千多年的王权专制社会，他是所有独裁统治者的导师和灵魂。他把人的阴暗与自私，完全暴露无遗，使人绝望。

作为个人，他是失败的，而且死于老同学之手。不过他的命运，又最后一次证明他学说的正确性：人的本性是恶的，利害关系才是人类唯一的社会关系。

李斯：行走在权力的刀锋上

对一个人的评价，根据不同的标准，会有多种截然不同的结论。对历史人物尤其如此。李斯就是一个十分明显的例子。

中国传统儒家思想中，人生的终极目标是三立：立德、立功、立言。如果以立功论，这位来自河南上蔡的野心勃勃的知识青年，靠着自己的不懈努力，位至一人之下万人之上的丞相，并且帮助秦王统一了中国，不论谁写中国历史，都不可能绕开他，可谓人生得意，功成名就。如果以立言论，这位两千年前的政治家才华横溢，他的《谏逐客书》是文章名篇，也是学习古文的必读范文，《古文观止》和中学课本里都有收录。而且他为秦始皇记功而写的"铁线篆"碑文，在泰山上立了几千年，是法书典范，一直是历代书家膜拜的圣迹。但是，如果以立德论，他则乏善可陈。他是一位才能杰出、抱负不凡的政治家，却是极端利己主义者，为了取得权势，可以不择手段，以时髦的话说，没有道德底线。如果以人生的结果看，他是一个不得善终的悲剧人物，不但自己身首异处，而且殃及三族，可谓悲惨之至。

纵观李斯一生，有四次转折，他都有充分的感叹。

李斯少年时作为郡里小吏，他看到官员宿舍的厕所里，常有老鼠偷秽物吃，看到人或狗走近，就惊恐逃窜；而在官府的粮仓里，老鼠吃着满仓的粮食，住在宽敞的大屋之下，也不会有人或狗来侵扰。李斯感叹说：人一生的富贵贫贱就像老鼠，完全取决于他的处所。

于是，他发奋要做人上人，要处于权力的巅峰。因此，他向荀卿学帝王之术。学成之后，他觉得当时的齐、楚、燕、韩、赵、魏、秦七国中，只有秦国最强大，于是义无反顾地离开祖国楚国，西入秦国建功立业。

通往权力的道路是艰辛的。李斯以自己的才能、心计，帮助秦始皇统一了中国，位至丞相。他的大儿子李由为秦重镇三川郡太守，其他的儿子都成为皇帝的驸马，女儿都做了皇帝的儿媳妇，权势滔天。李由回首都看望老爹，李斯设宴于家，朝廷百官都来庆贺，门口的高级马车就有几千辆。李斯正处于人生的鼎盛时期，他喟然感叹：啊，我的老师荀卿说，物禁太盛。我本是上蔡的一个布衣百姓，蒙主上恩典，逐步提拔我。现在我处于作为臣子的最高地位，可以说已到富贵的顶峰了。物极则衰，我不知我今后会怎么样啊！

他的感叹，既为自己的志得意满而高兴，又为位高权重者无法把握自己命运而产生的孤独无助的恐惧。

秦始皇出巡期间，病死于沙丘。当时太子扶苏在外，只有少子胡亥跟随。胡亥为了当皇帝，与宦官赵高狼狈为奸，阴谋篡位。但此事如果丞相李斯不支持，肯定办不成。在赵高的一番游说下，李斯在反复权衡利弊之后，终于答应伪造始皇遗诏，立胡亥为太子。这一次，他感叹说：生逢乱世，我不能以死求清白。对未来，我能要求什么呢？胡亥成为皇帝后，凶残过于其父，横征暴敛，草菅人命，使国家变成了一座人间地狱。李斯为了固位保权，不断助纣为虐，"刑者相半于道，而死人日成积于市。杀人众者为忠臣"。秦帝国也处于风雨飘摇之中。

这时的李斯，也走到了人生的尽头。他被赵高一再陷害，终于以谋反罪腰斩于咸阳，而且夷三族，即杀死李家、李母家和李妻家的所有族人。临刑前，李斯对儿子做了人生的最后一次感叹：我想与你再一次带着猎狗一起出上蔡东门去猎野兔，这已办不到了。

李斯死了。说可惜吗？通往权势之路是他自己的选择，行走在权力的刀锋之上，利弊得失，他比谁都明白。说他冤吗？他参与阴谋，改诏废立，本来就是弥天大罪。他的遭遇，虽不令人同情，但多少有点儿可惜。于李斯自己，实际上即使知有今日，也不会悔不当初的。像李斯这样的人，每个时代都有一大批。行走在刀锋上的人，唯一的祈求目标，就是不倒下。这是中国历史上一个十分有趣的现象。

刘邦：大风起兮我飞扬

刘邦是一个英雄，他开创了一个平民经过努力可以登上皇位的神话时代。在他以前，一切都讲血统，王侯将相都是世袭继承。陈胜虽然喊出"王侯将相宁有种乎"的口号，并自封王侯，但毕竟半途夭折。只有刘邦，从沛县的泗水亭长（相当于建制村的村委会主任），通过自己的奋斗，实现了自己的梦想。尽管后世的许多政论家对刘邦颇有微词，如好酒、好色、自私、好大言、背信弃义、杀戮功臣等，但他一直是中国两千多年来野心家们的偶像。他的成功充满了传奇色彩，他的经历鼓舞着千千万万人向着皇权前赴后继。刘邦虽然读书不多，但他却具备一个政治家所必备的素质：坚定的理想信念、百折不挠的意志、知人善任的能力。他的成功，因此就充满了必然性。

刘邦第一次见到秦始皇，是到咸阳服徭役，看到帝王的排场，辄心向往之，感叹说："大丈夫当如此也！"在这远大理想的支持下，他才敢于在押送壮丁途中，同陈胜相似，放了不断想逃亡的苦役者，自己率领十几位不愿离开他的壮丁，到山中落草为寇。后来反秦形势越来越好，他攻占了沛县、丰县、滕县、金乡、鱼台、砀山等处，力量逐渐壮大。最为成功的是，在西进秦地的战略中，刘邦军事上成功，政治上更成功，废除暴秦法律，约法三章，终于攻入了咸阳，将秦帝国灭亡。

这时，刘邦的对手已从秦军变成了友军项羽。项羽比刘邦力量强大，不但背弃"先入关者王之"的约定，还逼令刘邦退出咸阳，只许带两万兵马西赴巴蜀当"汉王"。

与刘邦不同，二十七岁的项羽是楚国的贵族子弟，他觉得，像刘邦这样一个出身农民的五十二岁的老头子，给他一个汉王当当已十分不错了，他应该知足。因为力拔山兮气盖世的项羽，自己也不过做了个楚霸王。

但项羽打错了算盘。与刘邦相比，项羽同样也有远大的理想信念（当皇帝）、百折不挠的意志，但在知人善任上、在洞悉人性上，两者却有霄壤之别。

经过几年的南征北战，刘邦手下已云集了一大批天下英才。当上皇帝后，刘邦在总结自己得天下的经验时说："夫运筹策帷帐之中，决胜千里之外，吾不如子房（张良）；镇国家，抚百姓，给饷馈，不绝粮道，吾不如萧何；连百万之军，战必胜，攻必取，吾不如韩信。此三者皆人杰也，吾能用之，此吾所以取天下也。项羽有一范增而不能用，此其所以为我擒也。"当年的亭长或沛公，或许能沾沾自喜于偏居一隅的汉王，因为有了张良、萧何、韩信、郦食其等人，形势就完全不同了，打倒楚霸王，统一全中国，才是刘邦的理想，他当然要和项羽一决雌雄。

同所有的王朝更换一样，刘、项之间的战争，实际上是两大集团人才的较量。起初的力量,项羽四十万,刘邦两万。但刘邦有知人善任的气度。例如,他信任萧何,同时信任他保荐的一名连敖(副官)韩信,筑坛拜他为大将,做三军统帅。又如,他充分信任张良,对他言听计从,厚封重赏,等等,终于建立了反项的统一战线,使项羽一步步走向孤立,最后四面楚歌,兵败垓下。

平心而论,刘邦的人格并不比项羽高尚,个人的军事能力和战术水平,更不是项羽的对手。但刘邦善于借他人之力,送自己上青云。实际上,任何一个胜利的英雄,无不如此。

吕不韦：经营权力的巨贾

中国历史上有两大商人，显得非常特别，一个是春秋时期帮助越王勾践成为五霸之一的范蠡，在功成名就后，为免遭杀身之祸，挂冠而去，摇身一变，成为巨贾陶朱公。他是否利用权力进行资本运作，很难说，但他是由官而商。另一个是秦统一中国的奠基人吕不韦，他却是由商而官，不但在商业上是成功者，在政治舞台上，同样是一位杰出的演员和导演。

吕不韦是韩国阳翟的富商，经常住在赵国的都城邯郸。他有钱，更有经营眼光。当时各诸侯国之间有互遣王室子孙作人质的外交习惯，子楚作为秦昭襄王的孙子在赵国作人质，因秦、赵之间常常打仗，他的处境十分恶劣，经济状况也不好。但吕不韦认为，凭子楚的身份，"此奇货可居"。他于是见子楚：我能大子之门！子楚笑道：等你的门大了之后再来大我的门吧。吕不韦说：你有所不知，我的门要靠你的门来大。他进一步分析说：你的爷爷已老了，他去世后，必定你爸爸当秦王。你爸爸最喜欢华阳夫人，但她没有儿子。你兄弟有二十几个，而你排在中间，还远在别的诸侯国当人质，没有谁记着你。等你的爸爸当了秦王，太子肯定落不到你头上。子楚说：既然如此，但我又能怎么办呢？吕不韦说：我给你钱，让你广交朋友，树立好名声。我再去秦国活动，让你爸爸和华阳夫人立你为嫡子。子楚叩头不已：真能如此，以后我和你同享秦国的政权！

吕不韦不愧为有魄力的投资人。他给了子楚五百金，用以结交权贵宾朋，又用五百金买了奇珍异宝等礼品，到秦国找华阳夫人去了。他对华阳夫人说：靠美色侍奉人的，一旦年老色衰，日子就不会好过。夫人现在正受太子宠爱，但却没儿子，后路很成问题。您应该在太子的儿子中选一个作为自己的嫡子，这样，太子在世时自己尊贵，太子百年之后，嫡子为王，终生不会失势。现在的诸公子中，子楚最有贤德，但他不是长子，他的生母又不受宠，肯定成不了嫡子。但子楚非常崇拜您，日夜思念您，希望得到您的帮助。您如果能立他为嫡子，那么，您在秦国就会永享富贵了。华阳夫人深以为然，于是又说动了子楚的爸爸安国君，刻玉符为约，确立远在赵国的子楚为嫡子。

事情果然一一都如吕不韦所设计的那样发展：公元前251年，子楚的爷爷秦昭襄王去世，子楚的爸爸安国君顺利接班，成为孝文王。由于华阳夫人的建议和坚持，子楚被正式册封为太子。几个月后，孝文王去世，三十二岁的子楚理所当然地成为秦国之王——庄襄王。子楚的门当然全秦最大。吕不韦的门也随之而大了：他被任命为丞相，文信侯，食邑十万户，为秦贵族之最。三年后，庄襄王死，其子嬴政为王，即后来统一中国的秦始皇。嬴政当时不满十四岁，大权仍操在吕不韦的手里，一直到公元前237年。吕不韦在秦为相专权十二年,是秦国的实际统治者。这段时间,正是秦国军威大振、统一战争取得决定性胜利的历史阶段。可以说,吕不韦是中国历史上以个人财富影响政治进程的第一人。

在吕不韦之后,比较成功的名商人大概要算清代的"红顶商人"胡雪岩。这位官场、商场都如鱼得水的人物,也是一位投资的好手,投资的对象,当然是官员。当代的外国,似乎也如此。据说美国的总统选举,便是大商巨贾金钱操纵的产物,但这是明里的,倒不必担心。对百姓来说,最怕是"暗箱"作业,不知自己被卖给了谁,卖了多少。

在传统上,我们的商人都尊陶朱公(范蠡)为祖师爷,这使人有些不解。真正从商人投资和收益的比例看,还有谁比吕不韦更成功的?

四公子：四颗光芒四射的星星

齐国的孟尝君、赵国的平原君、魏国的信陵君、楚国的春申君是战国时代的四大公子，他们在当时名声赫赫，在诸侯国之间的号召力甚至超出了他们的国君。他们交游广、食客多，成为历史上一道十分独特的风景。战国以后，各个时代都有达官贵人的儿子，亦称所谓公子者，但名气远不及战国四公子。民国时，亦曾有袁世凯之子袁克定等所谓四公子之说，但名气总不及乃父。我们现在常用的成语，如"鸡鸣狗盗""毛遂自荐""脱颖而出""窃符救赵"等，都同战国四公子的故事有关。

天下公子数以百千计，但要成为名公子，我看必须具备以下三个条件：

首先，必须有很高的门第和充裕的钱财。四公子中，孟尝君田文的伯父是齐宣王，父亲是田婴，本人曾任齐国宰相。平原君赵胜是赵惠文王的弟弟，赵孝成王的叔叔，也是魏公子信陵君的姐夫。信陵君魏无忌是魏昭王的儿子，安釐王的弟弟，平原君的妻弟。只有春申君黄歇不是王子王孙，但他是楚国的世家子弟，考烈王的宰相。这四大公子不但地位高，门庭显赫，而且广有钱财，他们广阔的封邑够他们消费，也使他们具有好客的经济基础。如孟尝君派冯骧去薛城向债户索债，光利息就收了十万钱。后来冯骧先生自作主张把债券烧掉了，为孟尝君买了名声。

其次，必须有养士之名。四公子都有"食客三千"，就是养着一帮闲人，住在招待所里，白吃白喝，也不用上班，只要偶尔替主人办事情。当食客有的要有一定技术，如鸡鸣狗盗之徒，但个别食客好像也无须什么条件，冯骧先生当年因为穷得没饭吃，就寄身孟尝君门下。这位冯骧先生是一个了不起的人物，不但为孟尝君烧券买名声，而且在齐王免去孟尝君宰相后，他单车入秦，竟说动秦王要聘孟尝君为宰相，吓得齐王赶紧给孟尝君官复原职。平原君门下也有三千食客，最有名的当推毛遂先生。他在赵胜门下吃了三年闲饭，碌碌无为，一事无成，却在跟随赵胜去和楚王的谈判中立了大功，促成了赵楚联盟。还有一个叫李谈，他劝赵胜毁家纾难，赵胜也完全照办。信陵君门客有名者为门吏侯嬴、屠夫大力士朱亥等，在救赵行动中，靠如姬偷了兵符，用兵符调动了军队，十万大军火速向邯郸进发，秦军闻风而逃，解了赵国之难。楚公子春申君养士三千，出名的有两个：一个是朱英，劝他把首都迁到寿春（安徽寿县），并献出自己的封地淮北作为寿春的北部屏障；另一个是李园，却是一个小人。他把妹妹献给春申君，后来又杀害了主人。朱英曾提醒春申君要提防李园，但他听不进。四公子中，春申君是唯一未得善终的人。值得一提的是，思想家荀况就是在春申君的任命下去兰陵任县令的。

其三，要建立一定的功业。当时各国的君主权臣都搜罗人才，为己所用，养士之风很盛。但并非所有养士者都有名。孟尝君的功劳在于他担任宰相期间，齐国不但发展得不错，而且能联合齐、韩、魏抗秦，打进秦国的函谷关。这证明，他的手下，不但有冯骦这样的人才，也有其他的军事、经济、外交人才。所以王安石的那篇收入《古文观止》中的《读孟尝君传》称"孟尝君特鸡鸣狗盗之雄耳"是不准确的。平原君也曾和楚国一起联合抗秦，并且在国家危急关头，把全家男女老少全部编入军队，分担守城任务，把家中粮食、财宝全部献作军用，为保家卫国作出了自己的贡献。信陵君是四大公子中最有英雄气概的人，为救赵国之危，他敢冒窃符、欺君、杀将、矫诏之险；而在魏国遭受秦国侵略之际，又不计前嫌，毅然回国担任统帅，联合赵、楚、韩、燕、魏五国之兵反击秦军，一直打到函谷关，秦军闭关不敢出战。春申君黄歇当了二十五年楚国宰相，参加了四次五国的合纵"联合国军"攻秦，并且为国家利益着想，奉献自己的封地，疏浚松江，松江下游因他而称"黄歇浦"，即黄歇之浦，这三个字后来慢慢地演变成了现在的"黄浦江"。

我奇怪为什么军国主义国家秦国最强大，并没有出现一个四公子这样有名的人物，而最后却取得了胜利。

从历史长河看，当纷繁复杂的争斗已成过去，得失成败化作烟云之后，留给后人的，往往是参与其事的人物，他们就像夜空中大大小小灿烂的星星，点缀着历史的天空。战国四公子们所毕生致力的事业，最后都在强秦的铁蹄下化为尘埃，但他们的名字，却永远照耀在历史的星空上。

萧何：一代名相垂千古

萧何在跟随刘邦造反之前，本人就是秦帝国的"公务员"，为沛县的"主吏橼"，相当于现在的县政府办公室主任。刘邦是他的下级，不过一个亭长，经常得到萧何的帮助。在刘邦占有天下的过程中，萧何、张良、韩信被称为"三杰"，萧何功列第一。

对汉朝而言，萧何的功劳表现在三件事上：第一件，是刘邦占领秦国首都咸阳时，将领们都纷纷抢占金钱财宝，连野心勃勃的刘邦都未能幸免，也流连于美女、财货之间；而只有萧何，以政治家的远见卓识（这就是政治家与公务员的区别），"独先入收秦丞相御史律令图书藏之"，于是"具知天下厄塞、户口多少、强弱之处、民所疾苦者"。这些文件档案，不但为楚汉争霸奠定了基础，也为日后统一中国制定合适的政策准备了条件。第二件，是向刘邦举荐了军事天才韩信。在前期的刘、项争雄中，刘邦根本不是项羽的对手，连连失势，手下的人也大批地另攀高枝。他手下的一名连敖韩信也因得不到重用而愤然离去。萧何闻讯大惊，星夜追赶，终于劝回韩信。但要留住韩信，光讲大局、讲奉献肯定不行，必须给他相应的职位。萧何劝刘邦拜韩信为大将，刘邦听从。于是，从战略上、从军事上，刘邦开始变被动为主动。第三件，是安定后方，保障兵源、粮食的供应。比起前两件来，这件事办起来要复杂得多。萧何镇守关中根据地，侍奉太子，建设栎阳，订立法令规章，位高权重。有关重大决策，都及时上报给在前线的刘邦，有时来不及，"辄以便宜施行"。因此，刘邦的军士伤亡流失，都能及时得到补充，粮草供应，源源不断，有力地保障了楚汉战争的全面胜利。

所以，在平定天下论功行赏时，"群臣争功，岁余功不决"。但刘邦认定"萧何功最盛，封为酂侯，所食邑多"。战将们不服，认为萧何不过是舞文弄墨的人，又未披坚执锐拼杀疆场，不应赏大于功。刘邦不屑地说：打猎的时候，追杀兽兔的是狗，而指示兽迹的是人。你们不过是有功之狗，至于萧何，则是有功之人。

作为功人的萧何对刘邦忠心耿耿，从未有过不臣之心。但刘邦这位枭雄，大概抱定"天下臣子均不可信"的信念，对萧何总是提防有加。吕后用萧何计，诛杀了韩信（"成也萧何，败也萧何"典出于此）。刘邦很高兴，加封五千户，增派了五百人的卫队。萧何以为因功得赏，十分高兴。明眼人召平说：你大祸要临头了。要赶紧让封勿受，悉以家中私财佐军才行。萧何依计而行，刘邦果然"大喜"。

汉高帝十二年（公元前195年）秋。黥布反，刘邦亲自带兵平定。萧何依然镇守后方，勤政廉洁，以奉军需，威望甚高。刘邦在前线多次派使者慰问萧何。人家告诫说：皇上对你不放心了，派使者不过是探虚实。你要赶紧强买良田，引动民怨，皇上才会心安。萧何照办,"上乃大悦"。

刘邦凯旋,百姓拦路告状,说萧何强买民田民宅数千万。刘邦很高兴,笑着对萧何说:你在利民哪!并将所有告状信都给了萧何:你自己去回答吧。萧何趁机向刘邦进言:长安地方狭小,而皇上打猎的上林苑内多空地,能不能让百姓进去耕种?刘邦大怒:你受了有钱人的贿赂,竟敢来向我的上林苑请地。吩咐下狱治罪,大刑伺候。人家问为什么这样小题大做,刘邦说:我听说李斯为秦始皇丞相时,把好事都归给皇帝,把坏事都揽在自己身上。现在萧何却相反,受人钱财却又要作为民请命的样子,要我缩小猎场,讨好百姓,所以要把他治一治。

刘邦和萧何的君臣关系,在历史上算是比较牢靠和谐的关系,但实质上尚如此不信任。后来,在别人的劝说下,刘邦终于放了风烛残年的萧何,并自我解嘲说:我把你关起来,是为了让百姓知道我的过错啊。

萧何自律很严,买田宅都在偏远处,家中造屋不打围墙。他在解释为什么不置田产时说:我的后代如果贤良,肯定会像我一样节俭;我的后代如果不贤,没有田宅就免得被豪强所夺。

在中国的历史上,当宰相的德、能、勤、绩能达到萧何这种程度的人并不多。但是他的名气却没有诸葛亮、张居正大,这确实有些不公平。司马迁评价他"位冠群臣,声施后世",确是历史学家的正确论断。

附录

朝圣司马迁十日记

2014年10月11日，星期六，晴，第一天，浙江台州—北京—山西大同

早上四点就醒来。这也许是昨晚值班迟了的缘故，也许是因为要去朝圣司马迁心情激动之故吧。

六点半出发。路边青山，分外妩媚。近九点到宁波机场。十一点起飞去北京。下午两点十分抵京。北京的天空，一片雾霾，不可名状。良卫兄开车来接。车多路易堵。出城区后，路才畅通。

现在的首都北京，古称蓟，公元前11世纪，周武王克商以后，封帝尧之后于蓟，封召公于燕，其地盘即是现在北京一带。战国时均属燕地，秦灭燕之后，设置蓟县，故址在今北京城。燕为战国七雄之一。燕昭王为实现富国强兵，曾筑"黄金台"以招天下英才，让后代的中国读书人作为自高身价的典故而念念不忘。唐代诗人陈子昂有千古名作《登幽州台歌》："前不见古人，后不见来者。念天地之悠悠，独怆然而涕下。"他怀的古，就是这个"黄金台"，即君王对士人的重视和礼遇，感慨的，是知己难觅、生命短暂的悲怆和无奈。现在，以"黄金台"为名的地方，北京、河北两地就有数处。在司马迁生活的时代，这里叫蓟县。

突破北京的堵车重围之后，我们一路向西边的大同方向行进。右边，是硬朗的燕山山脉，不时可以看到隐现的明长城，还有古烽火台。居庸关、八达岭，这些当代人耳熟能详的地名，都从路标上次第显现。北方的山，皆高峻冰冷，看上去萧瑟而刚烈。左边，极目南望，是遥遥无际的华北平原，尽管雾霾密布，依然能感受到这片土地的辽阔无垠。在很长的历史里，我们车子开过的这一带，都是汉农耕民族和北方游牧民族的分界线，几千年间，战事频繁。据统计，中国古代的对外战争，95%都发生在长城附近。

路过鸡鸣山。这座大名鼎鼎的山，据说海拔1128米，但是看上去相对高度不过二三百米，只因平地里突然耸立，孤峰横空出世，山形又如刀削斧劈一般，峭壁陡崖，雄奇强悍，确实让人过目难忘。因此山而衍生的历史典故颇为丰富。

途经涿鹿古战场。这是《史记》开篇《五帝本纪》中记载的中华文明始祖黄帝战胜"作乱"的蚩尤的地方。现在看上去，此地不大，衰草凄迷，一片荒凉；但是，在黄帝时代，这里原始森林茂密、水草丰茂。重大历史事件的发生地，常常同它的环境重要性不相称。

今天经过燕山南缘，过官厅水库，伴永定河、桑干河侧畔而行，因为前期堵车，直到晚上近七点，黑夜之中，才抵达灯火辉煌的大同。

大同，号称"三代京华，两朝重镇"，原属游牧民族故地。春秋时，赵武灵王战胜楼烦人，初设平城，隶属代郡。以后一直是多战之地。赵武灵王胡服骑射，其实就是学习对手楼烦人。第一站即与赵国故地相遇，也是有缘。

晚餐吃当地的焖羊肉，有范姓同乡来相陪。范同乡的父亲是我高中的老师，已去世多年。在大同，有不少同乡在此经商。

10月12日，星期日，晴，第二天，大同

七点起。上午游大同市区的两个寺院：法华寺、华严寺。良卫的两友人吴主任、翟总同游。法华寺传为北魏古寺，但建筑为近年。寺名却集唐颜真卿字，宏大庄严。印象最深的是大雄宝殿中的新绘壁画，分三层，气势磅礴，画工精致，非常华美，总长度超过200米，十分壮观。当非平常匠人所能为。寺中还有一白塔，高十余米，塔基周围数百平方米皆以黑色小卵石铺地，使白塔更有风采。此种布置，如日本枯山水景，别具一格，国内寺院中，我到访过的地方，前所未见。

华严古寺，亦为辽代遗迹，但多数建筑年代不远。大雄宝殿中佛像皆木雕，很有品位。寺僧称，木雕均为辽代真迹。有一新造地宫，柱石、天花板、地砖和佛像，全用黄铜包裹或制作，据称有佛1200多尊，满目金色，亦是一奇。地宫中供一高僧舍利子两枚。

中饭于大同名楼凤临阁，据说当年慈禧太后曾逃难至此并吃饭，故有此名。此饭店十分奢华，其中一厕所，六面及如厕用具，全部以黄铜制成，四顾均是明晃晃的。

下午出城，过御河向东，访古白登山。白登山，现名采凉山，海拔高度为2144米，相对高度似乎不足300米。远远看去，不过是低缓的山丘而已。但这里却是中华民族政策的一个转折点。历史上有名的"白登之围"就发生在这里。公元前200年，汉高祖刘邦为了打击屡屡犯边的匈奴，率汉军30万北征，在此处被匈奴40万骑兵围困七天。后来，用陈平之计，让单于太太闹起枕头风，才得以解脱。在男女平等上，游牧民族做得远比农耕民族好。此后，汉朝不得不采取"和亲"政策，岁输金帛，并与匈奴约为兄弟，才保证了边境的安宁。和平的实现，只有两种情况，一是一方臣服，二是两者武力的平衡。当时的和平，当属后者。此后，惠帝、吕后、文帝、景帝执政的大半个世纪间，都沿袭这一政策，直到武帝时代，国力强盛之后，对比失衡，占上风的汉政权才采取武力解决。

开车上山，山势平缓，路到山顶。顶上有一纪念石碑，为新造，正面镌刻"白登之战遗址"。极目眺望，远山如奔，山线不断重叠，消失在云雾之中，无法穷尽。山下则是坡度不大的丘陵，没有多少绿色，其间填充着城镇和村庄，没有了一点儿战争的气息。山上树木，均是近十年所种，当是退耕还林后的产物。如果没有山顶的这块石碑，我们根本无法想象，这里曾经发生过如此重大的历史事件。

回城途中，专访了一座烽火台。当是明朝以前的旧物，残存还有十多米高。大同一直处于农耕文明的前线，历代战火不断。宋明之际，这里依然还是边疆。明朝的正德皇帝，亦曾来此胡闹颇久。明代诸帝，身心大多不正常。

大同附近地区，云冈石窟、应县木塔、五台山、悬空寺等处，以前曾游览过。因同《史记》无大关系，此次均不看了。

买了几本书。

10月13日，星期一，晴，第三天，大同市—灵丘县

早上北出大同，先去右玉县访古。

大同地处晋、冀、蒙交界处，历代都是兵家争战地。战争遗迹极多。春秋战国时期的，也为数不少。囿于时间，我设定的访古地年代下限为汉武帝时代，因为司马迁的《史记》即止于此。

上午去的杀虎口，在山西与内蒙古交界附近，曾经一度是中国的边塞，也是古战场。北出大同后，向西一路行进，经左云县、右玉县，从右卫下高速，逶迤至大青山下的杀虎口。眺望远山，均是褐黄色光秃秃的山体，雄浑而沉默，上面到处有古城垣、烽火台遗迹。

此关古名参合口，唐名白狼关，宋称牙狼关，明称杀胡口，清代改今名。关外山峦如波浪起伏，气势极其雄壮。有博物馆一座，内有实物、图片、模型等，介绍颇详。长城，只是农耕和游牧民族的分界线，对阻遏游牧民族的南下，实际上并没有起到过

多大的作用。所以,在游牧民族执政的元、清两代,都弃置不用。筑城最力的是明代,也最不堪一击。

车沿博物馆后山上行。山上多胡杨树,树叶因霜冻而呈五彩之色,非常动人。天空极蓝,明净如洗,赏心悦目。山上连绵而建的烽火台,高者十数米,矮者亦有四五米。古城残垣,有的赫然在目,有的则夷为平地。许多故城边上,垒有黑卵石,重达上百斤或几十斤,显然不是山上原物,猜想可能是当年作守城的武器使用。这些遗物,即使不是汉代以前,其故址,亦当如是。站在山巅,俯瞰大地,一个个烽火台的投影填满了山梁。在冷兵器时代,在如此艰难的地方,我们的祖先要面对的,是马背民族机动性极强的刀枪;但是,他们依然以城墙和烽火台的方式,坚守着更先进的文明,每一个王朝都没有退缩。生活方式影响人们的思想。称农耕文明更热爱和平,确实是有历史依据的。

去杀虎口途中,看到一座高高圆圆的死火山锥孤立于荒原之上,山顶建有寺庙,远望如琼楼玉宇。查地图,方知此地叫牛心堡。

下午访德胜堡。其地在大同新荣区,过堡即是内蒙古地界。此堡现存建筑系明代,保存相对完整,有内城外城。内城住着数十户人家,一些老人,坐在屋檐下晒太阳。不见一个年轻人。附近山上,亦密布烽火台。离德胜堡约3里处,有一烽火台,约两层楼高,这不稀奇,稀奇的是,台边开阔的缓坡上,散落着几十块纯黑色的卵石,表面光滑,每块重约一至数吨,非一人所能抬举,不知此石从何而来,作何用处。

看过德胜堡，我们迅速沿高速公路南下灵丘县。灵丘在大同市东南，与河北交界。我们跨过桑干河、浑河，穿过恒山，来到恒山、五台山、太行山交会处的灵丘县。如果再向东穿过太行山，即是河北的涞源县。灵丘是丘陵地带，抬头即见山。

去灵丘，是因为那里有赵武灵王的墓园。

到灵丘，已是晚上六点半。晚上吃了羊蝎子火锅。从名字看，不得其解。原来就是一种羊骨架子火锅，骨头间肉质好而鲜，吃起来比羊肉片美味。只是当地食物口味太辣。

10月14日，星期二，晴，第四天 灵丘县—太原市

因为良卫朋友、《大同日报》吴主任和卢主任的介绍，上午灵丘县新闻办王鹏主任和当地的文史专家李彪先生陪同探访武灵王墓。

武灵王墓在灵丘县城区，离县政府不远。整个仿古建筑均是新造。门外临街有一武灵王的青铜骑马像，真正是胡服骑射，连底座高逾10米，英姿焕发。进入高墙大门，即见墓园。墓圆，高约10米，周围宽80米，边植柏树，上长草木，人可行至墓顶。墓前立一石碑，上镌"赵武灵王墓"，为1965年5月24日山西省政府公布的省重点文物。墓园内，除了右侧庑廊中有几块别处移来的明清时期石碑、左侧庑廊壁上有十几幅有关武灵王的彩色当代壁画之外，别无长物。从建筑与树木看，此墓园重修还是近几年的事。

据李彪先生介绍，此墓年代久远，一直没有遭到破坏，是武灵王真墓。现在全国自称有赵武灵王墓的地方，不下五处。山西省学者认为，以灵丘的证据最确凿充分。因为年代久远，只能做文字上的考证，目前各地均无出土文物上的实物铁证。

赵武灵王是个了不起的人物。作为一个伟大的改革家，他促成了"胡服骑射"改革方案的实施，使赵国成为战国时的军事强国。另一件事，更使我对他心生敬意：为了准备经略西北胡地，并一探西方强邻秦国的虚实，作为一国之君的他，居然冒充赵国使臣，对秦国的山川民情做了一次深入的实地考察，还面访了秦王。不知使臣真实身份的秦昭王，惊奇于使臣的相貌气度，非人臣所能有，心生疑虑，让谍报人员迅速调查，才发现原来是老对手，赶紧追赶，武灵王早已出关了。赵武灵王的目的全部达到了：亲自考察了秦国，当面考察了秦王。

历史上，同他的这一壮举稍稍可以一比的，大概只有五百多年以后的曹操。当年的汉丞相曹操当了魏王，会见匈奴使者的时候，觉得自己的个子矮，形象不够好，就让著名的美男子崔琰冒充自己坐在魏王的宝座上，曹操自己作为警卫，捉刀侍卫于侧。会见结束后，曹操派人去问匈奴使臣：魏王如何？匈奴使臣说："魏王雅望非常，然床头捉刀人，此乃英雄也。"这个匈奴使臣确实是个人物，慧眼识人；但是，曹操听到后，非常不高兴，派人将匈奴使臣杀掉了。

曹操与武灵王，谁是英雄，高下立分。

辞别了灵丘的朋友，出城往西。因为顺道，访平型关大捷故址。平型关之所以出名，是因为有抗战中八路军115师于1937年9月25日在此伏击日本军队，取得抗日首胜的战斗。我们辗转找到平型关，除了一堵纪念墙、锁了门的几间平房外，一个人影也没有。开车上山，终于看到与日寇反复争夺的老爷庙，也是新建筑。历史是后人写的。历史不真实的本质，是因为人们出于自己利益的考量，而对历史记忆有意进行了主观的选择，只有真正自信的时代，才有可能还原历史真相。

平型关处于恒山与太行山相交处的山巅，地势险要。当年的战斗，是在关口东坡下的山沟中进行，离关隘还有不短的山路。过平型关关隘，只见老关隘正在修整之中。原先的公路已改建并拓宽。过关，即从灵丘县进入了繁峙县。访关西的平型关村。从此村围墙高筑、遍地可见的烽火台遗迹，可知此地自古当为多战之所。一路下山，直至平原，忽然出现了许多以风力发电的大风车，一排排展开，非常壮观。

我们从五台山侧、滹沱河边，一直南下。北方的山，面积大，由于植被稀少，山陵似乎特别的尖，也显得冷峻。但给人以一种宏大苍茫的美。只是细节不足，不耐近观。幸好乘车而过，非常适宜。

经代县、原平市、忻州市，傍晚时分到达太原市。太原，就是大平原，这片土地承载了丰富的历史。这座古城，系公元前497年晋卿赵简子的家臣董安所建，为赵国初期的都城，至今已有两千五百年的历史了。我跑了四天，还在故国的范围之内。

表弟叶再团在太原定居已有二十多年。晚上他与妻女一起设宴为我们接风洗尘。与表弟将近二十年未见面，与其妻女更是第一次相见。

10月15日，星期三，晴，第五天 太原

晋祠是太原第一名胜，又是汉代以前的古迹，当然要去探访。

今天表弟夫妇开着他们的新车陪访。晋祠即晋王祠，是为纪念当年晋国最早的主公唐叔虞而建，其历史可上溯至公元前11世纪，是当时分封建国的产物。因故地即太原，所以历代相传，晋祠亦屡毁屡建，终成现在模样。晋祠的古柏、古代雕塑非常之美，尤其是后者，常引来美术界人士的临摹。不过，旅游者更喜欢的，还是新增添的李世民与其重臣的青铜群雕，在此合影的人特别多。因为与晋王相比，李世民的名声更大；同时，也是希望沾点帝王气吧。远近之间，总是近的更容易引人注意。

晋祠外有赤桥村。花了不少工夫才找到赤桥故址。这是一个流传两千多年的忠义故事，《史记》的《刺客列传》里有充分的记载。当年晋国贵族之间发生战争，智伯决汾河水灌晋阳城攻赵，赵襄子后来反败为胜杀了智伯，并将他的头颅制成溺器。智伯的门客豫让为了报答主人的"国士"知遇，两次刺杀赵襄子，都被发现。第一次，赵襄子感动于他的义气，放了他。第二次行刺在桥上，又被捉。赵襄子答应了豫让的要求，脱下外袍给他。豫让在桥上三次跃起，将外袍刺得粉碎，然后刎颈自杀。此桥因此叫豫让桥，又因豫让之血染红了桥面，此村得名赤桥。

现在古桥已不复存在，原有流水改成暗河流淌了。桥石与石栏杆尚在，堆在一边，上面长满了爬山虎。边上有一株巨大的槐树，两人可合抱，正长得精神。离槐树五十米外，有座倾圮一半的观音庙。住在庙边的八十二岁老者姚润元先生，闻说居然有远隔千里的江南人前来访古，非常高兴，特地邀我至家中，向我介绍桥、树、庙的典故，乡音难懂，也多是传说。尽管他的述说，比历史本身更加夸大，也有演义的成分，但是，主旨方面，同司马迁并无两样。老先生又找来钥匙，忙了很久才打开了尘封的锁，开了庙门，邀我入内参观。大殿内阴暗潮湿，左角土台上仅存一无头、褪色的木骨泥土塑像，身躯形象十分刚劲有力。老先生说，此即是豫让。以塑像位置与形象看，我疑为佛教中的四大天王（金刚）之一。还有一石碑，横放于地上，高约70厘米，宽约45厘米，厚约20厘米，镌有"古豫让桥"四字，为清同治六年（1867年）所制。姚老先生说，这是桥上原物，拆移于此多年。算下来，这块石碑也有247年历史了，而我们距当年豫让的死，则有两千四百多年。

姚老先生的厚待让我十分感动。敬祝老先生健康长寿！

下午看山西博物院。山西是文物大省，藏品非常宏富。因为时间关系，我只选择汉代以前的展品欣赏。在文物古迹面前，在以千百年计的历史面前，一生不过百年的我，常有微不足道、身如鸿毛的感觉。买了几本书。

晚上赴表弟的家宴。他在这里定居乐业，娶妻生子，生活富裕，家庭幸福，让人欣慰。

10月16日，星期四，晴，第六天，太原—陕西韩城

早上六点醒来。北地干燥，常觉喉咙干渴，饮水量与日俱增。想当年司马迁时代，这里还是一片葱葱郁郁之地，森林资源丰富，也没有风沙之苦。人类对大自然的改变比物种的进化要快得多。因为耕种，因为战争，因为工业化，真正实现了天翻地覆。

八点半，与表弟夫妇告别，我们继续南下。今天的目的地是陕西韩城，司马迁的老家，此行最重要的访问地。

高速公路的右侧是吕梁山、火焰山，左侧是太岳山、中条山。所经过的地方，无论是祁县、平遥、介休、霍州等处，都有古可访，有史迹可寻。特别是洪洞县的大槐树，更是闻名遐迩，但是，因为时间原因，只能从路边的公路标识上一览而过。这些地方，只有平遥城、灵石的王家大院前几年曾经一游。那里保存完整的古建筑很多，印象颇深。从书上看，介休似与介子推有关，霍州有娲皇庙。在北方旅行，常常从地名上能翻腾出一个个历史故事。中国历史的重心，是从黄河流域逐步南移的。

临汾有尧庙，特地下高速路访问。尧是伟大的君主，华夏五帝之一，名字叫放勋。他有两大历史功绩：一是组织天文历法专家羲和去考察日月星辰的运行规律，制定了历法，定一年为三百六十六日，以闰月正四时，指导人民的农业耕作。二是在选择自己的接班人上，任人唯贤，认为"终不以天下之病而利一人"，以博大的胸怀，弃儿子丹而选与自己没有血缘关系而贤能的舜，让舜为天下人造福。所以，中国的历代帝王，都声称要效法尧、舜为人民服务，并以此为天天呼喊的口号。执政方式同取得政权的方式息息相关。在家天下的中国，所有以暴力取得政权的君王，都不可能真正地仿效先圣。在尧、舜以后，也曾出现过几次王权禅让，但都不过是演戏，是不折不扣的刀剑下的逼宫。

离尧庙不远处，有一个新建的高50米的纪念碑式的华门，分三座，象征尧、舜、禹三帝，据称是天下第一门，有点喧宾夺主，没有兴趣进去。

尧庙也是故址重建，场地扩大，周围多了许多建筑，里面的商业气息浓郁，与帝尧的身份极不相称，也冲淡了庄严神圣的氛围，殊为可惜。幸好庙中尚有古树数株，让人可以发怀古之想。尧陵不远，因时间不够，没去。

又上高速公路。三点半，到河津市下。

河津市仍属山西省，与陕西省韩城隔黄河相峙于东西两岸，历史悠久，战国时魏国置皮氏邑于此，为军事要塞。汉称皮氏县，后改名为龙门县，是黄河的重要渡口。找到河津市博物馆，想看看当地文物，却说是一年里只有一天对外开放，平时要领导批示才能看，而且今天领导都不在，有门钥匙的三人也都不在。只好作罢。好在博物馆的院子里放了半院子的石碑、石雕文物，不少年代在唐宋间，十分珍贵，也大开眼界。希望这些宝贝能得到妥善保存。

来到黄河大桥边。这里的黄河峡谷,就是名声赫赫的禹门,传说大禹于此凿山泄洪,以救天下之困。鲤鱼跳过禹门即成龙的传说,也以此处为背景,故又称龙门。但是,禹庙等古建筑早就不存。只见铁桥依旧在,车流不断。新的水泥大桥桥墩、引桥均已经完工,但是还没有铺设桥面,现在供通行的,还是老铁桥。可能因为桥老之故,只允许小型车辆通行。黄河水十分浑浊,龙门狭窄,水流湍急。河水过龙门后,则突然开阔,水流十分平缓,岸边有几个酒家,建于水岸软沙滩上。三五桌人,在那里对着西下的太阳,悠闲自在地喝着啤酒。有一渔夫在用拖网抓鱼。但是一无所获。

对岸山体近在咫尺,韩城房屋树木也似触手可及。过了铁桥,从对岸看山西,亦是大山历历在目,黄河水浑浊而下。不知当年司马迁看到的黄河是什么样子,至少,总比现在清一点吧!

黄河是分界线。一进入韩城,便是到了陕西省,明显感觉粉尘多了,路也更加拥堵。

经过龙门镇,原打算住这里,因粉尘实在太大,又不是司马迁故里,就直奔韩城市区。

韩城有新老城区之分。新城在高处,老城在下处。先去老城寻古,发现一个叫三舍公馆的饭店,建筑古色古香,非常精致,就在里面吃晚饭。本以为"三舍"的名字取自《史记》中晋文公与楚成王相约"退避三舍"的典故,问店员,方知是此饭店因有三进的房子,故名三舍。大笑。饭后重新上坡进新城,住进韩城国际酒店,已是晚上八点。

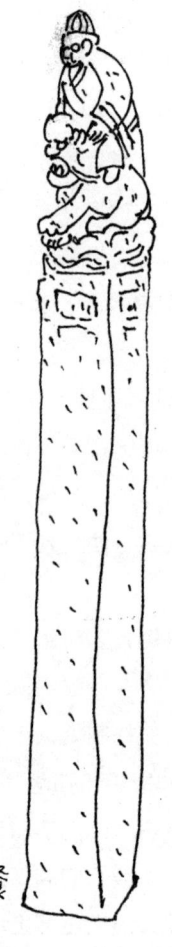
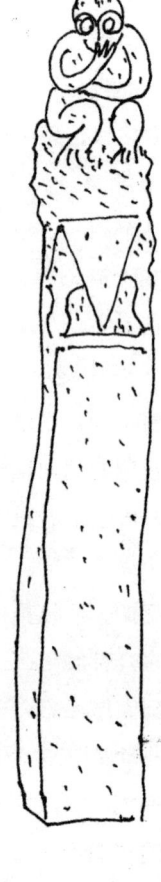

2014.10.16 晚餐于此。韩城。

三舍公馆石雕,一米八高。

由于《陕西日报》刘国英主任、卢萌主任的介绍，我与《韩城日报》马玉梅副总编联系上，她已联系了当地的文史专家明天作陪。上街买了几本介绍当地文化历史的书。

10月17日，星期五，晴，第七天，韩城

上午八点多，马总和文史专家薛万田、程永庄先生来，因马总另有工作任务，她安排薛、程上午和下午分别陪同。

司马迁墓在韩城南不远的芝川镇，东濒黄河。"黄河之水天上来，奔流到海不复回。"李白的诗写尽了黄河的浩荡气势和豪迈激情。在上古时代，"河"即专指黄河。这条"几"字形的大河，在一横后的转折一竖，就竖在司马迁的家乡。史圣生于斯，亦葬于斯，也算是与黄河有缘。韩城地区位于黄河的中游，也是黄土高原区，中游地区挟带的泥沙量，占了整个黄河的92%。

陪同的薛先生七十多岁，精神矍铄，反应敏捷。他说，司马迁墓没有受到破坏，是因为"文革"时，一位守护陵园的老红军，以毛泽东老三篇之一《为人民服务》中的语录，吓退了前来捣鬼的红卫兵。应该感谢这位可敬的老人！

太史祠在河边的高原之上。远远即能望见上面的建筑和树林的绿色。山下的司马迁广场十分宏伟，一座巨大的司马迁铜像背山而立，面向我们。但是于我而言，这些现代建筑再精美，都不如山上的太史祠和太史墓有吸引力，我们先上山。

过古桥，穿牌坊，进山门，上仪门，循着司马古道，我们一步步登高，一步步接近我心中的圣人。这些建筑上，都有题字，但是，最契合我心的，是"高山仰止"四字。这来自《诗经》的诗句，是司马迁用来评价孔子的，而后人又用它来评价太史公。这也确实代表了后人对太史公的尊崇和景仰；而在我眼里，太史公在人类思想史、文明史上的贡献，事实上远远超出了孔子。

山越来越陡，台阶越来高，终于到了享殿。我还是迫不及待地绕过去，先去瞻仰后面的太史公墓。

就在这里——我非常熟悉又陌生的墓园。我有一本1962年中华书局出版，胡佩苇著的《司马迁和史记》，书中有一张太史公墓的照片。我曾千百遍地看过这张照片，想象着如今墓园的模样。今天我看到的，同五十年前的几乎一模一样，只是墓上的柏树更高更大了，其中的一枝枯萎了，墓的外围加了铁制的栅栏，别的，都与过去相同。这座墓，确实逃过了"文革"的浩劫。这真是中华文明史上的奇迹！

站在墓前，我才想起，我本当向太史公敬献一束鲜花，以表达对他的崇敬之情。可是，来时匆忙，竟然没有置办。

太史墓作蒙古包状，面向东方。这位铸造了中国人灵魂的人，即使对于当时汉朝的敌人匈奴，太史公这位具有宽广胸怀的思想家，在他的《史记》中，并没有以传统的华夷之分来丑化，而认为彼此同属黄帝子孙，都是人类的孩子，以平等、尊重的态度叙述历史，难怪匈奴后人蒙古人对他尊敬有加。现在的墓，就是元世祖忽必烈敕令重修的。

下墓园，我才细看享殿中的太史公塑像。这尊宋代的作品，比较传神地展现了太史公的形象。宋代达到了中国艺术的最高峰，宋代的作品，几乎都是精品。

享殿里面的许多石碑，记载了后人对太史公的崇敬和礼赞。

不管这个坟茔是真骨坟还是衣冠冢，都不影响人们对太史公的尊崇，不影响对太史祠的朝圣。太史祠，永远是中国士人寻根立本的朝觐之地。

下山之后，我才仔细观赏司马迁广场。广场气势宏伟，太史公铜像英姿勃发，似乎在行走，似乎在辩论，似乎在演讲，长须飘飘，英气逼人。广场上的十二本纪群雕，气势磅礴，形象生动，令人拍案叫绝。尤其是刘邦、项羽两组群雕，更是艺术精品。这样全国一流的雕塑艺术水平，是有资格放在太史公的脚下的，也足以让作者脸面生光。我为韩城能建成这样高质量的广场而叫好，真不愧为太史公的家乡！

在司马迁广场，偶遇电视台采访。问访韩城有何感想。我说，一是太史公祠居然逃过了"文革"的劫难，出乎我的意料。二是太史公故乡对太史公如此厚爱，有广场如此，让人欣慰不已。应当向韩城人民致敬！

十二点，送薛老先生回家。

下午，程永庄先生陪我们继续访古。程先生是当地文化广电局的科长，有文史著作多种。出韩城，车行乡村土路中，幸亏程先生熟悉路径，我们在堡安村东南的古城遗址上找到了三义坟。到此地的路刚硬化好，向村民打听路径，他们都非常热情。三义坟是指公孙杵臼、程婴、赵氏孤儿赵武三人的墓园。坟是最近在原址上重修的，赵武的墓还在修建中，墓碑都是清代旧物。墓地处于一个高原上，四周是夯土的旧城墙。这里据称是古韩国都城旧址。环顾四周，除了树木，就是庄稼。韩城的地址，在历代变迁非常之大。《赵氏孤儿》是中国十大传统悲剧之一，不同的地方剧种，几乎都有它的演出，因为它讲的是忠义故事，庙堂和民间都能够接受。

随后，我们访问了高门原上与司马迁密切相关的两个古村，华池村和徐村。

华池村，有建于清代的司马迁书院，只是书院废弃多年，院中杂草高过人腰了。据说司马迁女儿归葬于此。顺访高门村的司马迁祖坟，有他的父亲司马谈和历代高祖的坟茔，在一片果树林中，墓碑都是清代的。墓碑高耸，墓地杂草丛生。

徐村是司马迁后裔聚居地。历史上，司马迁后人曾迁徙南方，东晋末年，为了避难，都改为同、冯两姓回归故乡定居。村中有汉太史遗祠，祠堂中有司马迁塑像，与太史墓前的塑像大体一样，为村中同、冯两姓同祭之所。历代两姓，从不通婚。祠堂侧有飞龙书院，祠堂前门楣上有"风追司马"的石刻，足证后裔对这位史圣的景仰。

村后有巍山，上有相传的司马迁真骨坟，坟侧有一简朴的享殿。当然，要考证此坟与太史祠坟的真假，既不可能，也无多少意义。对于徐村后人来说，有一个邻近方便的祭奠之所，也是好的。

回城的公路，都穿插升降在黄土的沟壑之间。黄土之深厚，风沙之飞扬，让人触目惊心。与江浙相比，这里的生活环境，确实可称为恶劣。中国的文化重心从黄河流域不断南移，是人对生存环境的必然选择。

下午回古城的时候，程先生又带我们看了一个规模颇大的古建筑，叫九郎庙。他解释说，事实上原来叫"救郎庙"，也是纪念公孙杵臼、程婴的，但是以讹传讹，最后变成了"九郎"，让人不知所云。这使我想起一个南方的故事，好像是明张岱写的：杭州西湖边有一个十姨庙，塑了十个美女。作者百思不得其解。后查史料，方知此庙原为纪念杜甫（杜拾遗）的，原名"拾遗庙"。乡人不解，讹为"十姨"。以香火论，一个诗叟，肯定不如十美更吸引人。

晚上马总请了《韩城日报》宁社长、司马迁研究会孙会长等一起吃饭。向他们请教了不少有关太史公的问题。感谢韩城的朋友们！

10月18日，星期六，晴，第八天，韩城—西安

谢绝了韩城朋友陪同，今天自己访问韩城博物馆。作为县级博物馆，它的规模为陕西之最，展品丰富。原址为文庙、东营庙、城隍庙。其中的石刻厅藏品精美，印象最深。一幅巨大的石刻龙门，再现了当年的禹门（龙门）胜景。从建筑的审美水平上看，我们现在是全面倒退。馆中还有两根大象牙齿和大象头颅，象牙居然长达3.5米，这足以证明以前的韩城也是森林密布的宜居之处。

因喜爱三舍公馆优雅古朴的环境，中午又去那里吃饭。饭后直奔西安。

西安在汉代称长安，后来作为首都，先后一共有十三个王朝将它作为都城。这里的文物古迹，当然非常之多，光从地图上读地名，咸阳、未央、灞桥、渭城、周至……一个个都是填满了历史的故事。西安以前曾游过三次，如要穷尽这里的历史风物，恐怕一年也不够。

为省时间，绕城而过，先去看位于西安、咸阳以西，兴平市的汉武帝茂陵。

因为标识不很明确，寻找墓地并不方便。到茂陵，方知此处游客寥寥。武帝当年曾经修了非常奢华的寝陵、享殿、护陵房等，但是现在除了一个长满草木的山丘，一堵新建的围墙，一个重树的清代墓碑，已和荒原没有什么二致了。事实上，这个陵墓一共修了五十三年，每年的花费，为汉代朝廷收入的三分之一，所以，墓中的奇珍异宝多得不可胜数。西汉末年，赤眉军打开了茂陵的羡门，数万士兵搬了几十天，陵中的陪葬品还没有搬走一半。直到三百年后的西晋时，茂陵中的珠玉还没有被盗完。因为厚葬的传统在，其他的汉皇陵墓，也同样反复被盗匪、军队洗劫。对所有皇陵而言，最安全的措施，就是薄葬。现在的武帝寝陵，除了脚下的泥土，当年华美的建筑、石雕的翁仲、里面的宝贝，全都消失在历史的尘埃之中。

倒是离茂陵不远的霍去病墓，显得更奢华一些，因为还有几个巨石雕刻的艺术品在陪伴着这位天才而又天佑的将军。这些石雕之所以没有被人偷走，除了因为巨大之外，是因为盗贼们不知这些艺术品的价值，才得以幸存。那块《马踏匈奴》的圆雕，雄浑而简练，真正体现了大汉一往无前、豪迈无敌的精神风貌，让人流连不已。即使当代世界一流的艺术大师，在这汉代匠人的作品面前，也不得不甘拜下风。还有《跃马》《石人》《卧牛》等作品，都是寥寥数刀，而精神毕现。什么是时代精神，这就是，它不过是一个时代气息在所有人身上不自觉的流露而已，装是装不出来的。一个时代给个人的影响，常常超出当事人的想象。汉代的诗歌、文章，无不大刀阔斧，刚劲简洁，不施粉黛，却能直指人心；但是，霍去病的墓上，却新建有一亭，游客可以直达其上，以便登高望远。这既煞风景，也是对古人的不敬。

这些天，电视里都在放《汉武大帝》，极尽歌颂之能事。但是，翻翻前人的诗作，对武帝唱颂歌的并不多，指摘他求仙、黩武、劳民者更多。唐李贺有《马》诗二十三首，其中有以天马说武帝的："武帝爱神仙，烧金得紫烟。厩中皆肉马，不解上青天。"也是讽喻之作。以今视古，颂圣之作，均无以流传。为文者当慎之。

卫青墓距霍去病墓不到一公里，但是，这里既没有围墙，也没有一件石雕，除了一块墓碑，一无所有。游客除了我们两人，就只有一对恋爱的青年在山顶出没。他们来此，是为了避开人们在这里自由地亲热。不过，卫青墓的低调做派，倒也符合墓主人的性格。

相对于霍去病的张扬个性，卫青要谨慎得多，虽然同属外威，同属军事天才，但在战争中，得到的天幸，也是霍去病为多。他们以强大的汉朝为后盾，以武力打出了汉人的威风，让匈奴从此一蹶不振。而更为上天眷顾的是，霍去病在达到功成名就的人生顶点之后，及时地死去，既为他的后世尊荣添分，又赢得了无限痛惜。对大多数英雄来说，长寿并不是好事。赵武灵王如果不长寿，在胡服骑射、探访秦国之后即死去，也不至于最后饿死沙丘宫。

看完三墓，天已全暗，游客早已星散。进西安城，已八点。小学初中的同班同学叶良厅从陕南安康来会合。我们三人已有二十多年没同时见面了。当年同学，有一半星散全国各地。

10月19日，星期日，晴，第九天，西安—咸阳

上午和两位同学访大雁塔广场。这里游人如潮，十分拥挤。后步行去陕西博物馆。不料，这里更是人如大海，好不容易排队进去，恰如进入免费的超市，土著人、洋人摩肩接踵，每平方米至少有五人，空气都觉得发烧，有将近窒息之感觉，根本无法看展品，只好逃了出来。因为免费，又刚好在星期天，所以游人特别多。好在以前曾经看过两次。本来，陕西博物馆是我重点参观处，现在只好放弃，快快然。了解当地历史文化，没有比博物馆更好的地方了。只可惜，我们各地的博物馆总体数量偏少，藏品也偏少。陕西博物馆以藏品丰富著称，每次看都非常喜欢，流连忘返。

秦始皇的兵马俑、骊山等处以前都去过多次，又怕今天人特别多，于是决定去人少的地方：遗址。

阿房宫遗址在西安西边，与陕西省政府大院在西安市区同一条路的东西两端。但是，根据地图找到了，却没有标识。一片围墙之内，据人称是阿房宫遗址，但是，规模也不大，现在一边是停车场，一边是荒地，远处是高高的雪松。按照司马迁《史记》的记载，阿房宫规模宏大，"前殿阿房东西五百步，南北五十丈，上可以坐万人，下可以建五丈旗，周驰为阁道，自殿下直抵南山，表南山之巅以为阙，为复道，自阿房渡渭，属之咸阳"。路的另一边，也是号称阿房宫遗址的地方，却已是房地产公司的工地了。以常识推论，当年的规模，应当是我所看到的千百倍才合适。杜牧的《阿房宫赋》收入中学语文课本，因此也使阿房宫大名鼎鼎："六王毕，四海一；蜀山兀，阿房出。"世界上所有的独裁者，都是自大狂，都喜欢以巨大的建筑证明自己的伟大。阿房宫如此宏伟的建筑最后依然是"楚人一炬，可怜焦土"，关键是我们的建筑都是木结构。如果是石头的，那现在都会让人惊叹。

寻找未央宫遗址也费了一番周折，找到了，却发现路中间拦了一道杠，不让外地汽车开进里面的公路（我们的车子是山西大同牌照）。我出示了记者证并说明情况，也不行。西安人的脾气，确实有帝王的气概。事实上，当地的汽车却通行无阻。只好向里面步行。这片沉默的土地，也是秦章台宫的遗址。蔺相如曾于此与秦王斗智斗勇，终于完璧归赵。荆轲刺秦王的故事，也发生在这里。现在，这里是一片辽阔的荒原，一眼望不到尽头，远处是露出地平线的树梢，上面除了荒草、孤树、几块标明此处是什么宫的牌子，什么也没有。从模样看，这里原来是农田，作为遗址后，退耕撂荒已有数年；但是，这样的地方，如何处置，确实是个难题。

又去看了渭河，一条瘦弱而浑浊不清的水沟而已，没有了一点生气。让人失望至极。车过处，窗外是黄色的厚土，少绿色，多风沙，故都老矣。为什么看中国每一个王朝的历史，到最后得到的，都是悲凉的心情？为什么当年生机勃勃的土地，如今都如此衰老不堪？

入住咸阳一个靠近渭河的酒店。

买了几本书。三人晚饭后，去渭河边的广场散步。这里人声鼎沸，有许多人在跳排舞，有些人在地上写字，一派热闹景象。同沉默的黄土地相比，生活在这上面的生龙活虎的人，才更精彩，更也让人着迷。

10月20日，星期一，晴，第十天，陕西咸阳—浙江台州

七点起来。

咸阳同全国所有的县城一样，还处于大拆和大建之中，空气中布满了喧嚣和粉尘。宾馆边上的一条通道，正被挖开。人们从两边的人行道上拥挤着行走，也安之若素。

我们为了吃一顿好一点的早餐，只好出门，找到一家肯德基。中国人吃遍天上地下，美食家比专家学者多，也号称最讲究吃；但是，从没有从营养的角度去思考过饮食。这事实上恰恰是饮食的本质和目的。九点，良卫、良厅二兄送我到西安咸阳国际机场。他们一直送到安检口才停步惜别。

这次朝圣之旅，从空间距离上说，台州到北京是1933公里，北京到西安是1144公里，西安到台州是1602公里，三者相加，共4679公里，不到一万华里。因为借助现代化的交通工具，只用了短短的十天时间。如果在司马迁时代，同样的路途，如果只靠步行，即使社会太平安定，但由于野兽的出没，没有一年半载可能都无法完成。两千多年来，特别是近一百年来，人的能量以数以万倍的速度递增：从原来的依靠自身体力、借助畜力，到现在借助机械、电子，可以实现上天入地、横穿大洋、登月探险，咫尺天涯也成为可能；但是，人类的精神世界，似乎并没有实现同步前进。

十一点十五分，飞机离开西安大地，向南方飞行。

司马迁，是最具人类意识的历史学家。他写史的目的，不是为了帝王的"资治"，而是"究天之际，通古今之变"，是为了存续人类的历史，探索文明发展的规律。因为他有着强烈的使命感，才使他可以忍受巨大的屈辱，来完成《史记》——中国《圣经》的写作。它不但以自己的文字，完成了中国人人格精神的熔铸，而且以自己的行动，给后人留下了一个为了理想百折不挠、为追求公平正义奋不顾身的士大夫标杆，他以自己的奋斗，成就了一个人的尊严！他尊敬孔子，但是，著史只"实录"，绝不学孔子"为尊者讳"，也不认同孔子的"华夷之辨"。作为汉政府的高级官员,他只讲事实,不讲颂圣,对今上照样不"隐恶",对汉朝的敌人匈奴,同样当作平等的兄弟看待。对失败者,依然给予了尊重和礼遇。司马迁将自己当人,也将所有人当人。中国的知识分子,"不遇"之时,都充满平等意识,都能说人话;但是,一旦"知"了"遇"了,能保持本色本性的,将自己和他人看作人,就少之又少,都以皇上是非为是非,争相邀宠,努力做张汤、郅都或"梁效""石一歌"。纵观文明史,即使将司马迁置于当代世界的文化语境之中,以地球村人的标准来衡量,这位史圣依然毫不逊色。

从飞机上俯瞰大地,比在地面上看更美。地面上灰蒙蒙的黄土高原,透过机窗眺望,却是充满活力。山河大地如历史,近处都不忍细看,却宜远观。好像一片树林,近处历历在目的腐叶与衰败,从远处显示出来的,都是不可抑制的勃勃生机。

从黄河到江南,从春秋战国时期的一百七十多个政治实体,到七雄,到秦并六国,到如今的中国,大一统是我们文化的潮流。因为每一次的大动荡、大战乱,都会将中国推向人间地狱,会使数以亿计、千万计的生灵死于屠杀、饥饿和瘟疫,使文明全面倒退。我们的历史苦难太沉重。

事实上,世界也因为经济、文化的交往和互联网的联系而正在走向另一种形式的相互依存、不可分割的"大一统"。不管个人还是团体、国家,文明的发展已越来越难以孤立无援地生存和发展。但是,世界无论怎么变,人性永远不变,人的价值永远不变。正如《史记》中最打动人心的,都是为了理想顽强拼搏的人。司马迁所歌颂的英雄,都是保持人的尊严,追求自由、平等和公正的人。让人像人,这是所有文明最基本、最持久的力量,也是司马迁留给我们最大的遗产。

飞机升入了云层。

再见,西安。再见,韩城。再见,太史公墓。

后 记

本书的后10篇,写于2003年。前28篇,写于2014年。书稿完成后,做了一次为期十天的朝圣之旅,途中画了速写,选了一些作为本书插图。

感谢选题策划谢放老师、责任编辑关志英老师、丛书主编向继东老师,使本书面世。书名也是向老师起的。

赵宗彪

2023年5月8日

于杭州

香雪文丛书目

刘世芬《毛姆VS康德:两杯烈酒》 定价:62.00元
夏　宇《玫瑰余香录》 定价:68.00元
汪兆骞《诗说燕京》 定价:68.00元
方韶毅《一生怀抱几人同——民国学人生平考索》 定价:66.00元
王　晖《箸代笔》 定价:68.00元
周　实《有些话语好像云朵》 定价:58.00元
魏邦良《传奇不远——一代真才一世师》 定价:72.00元
刘鸿伏《屋檐下的南方》 定价:68.00元
苏露锋《士人风骨》 定价:68.00元
高　昌《人间至味淡于诗》 定价:72.00元
邢小群《回首来时路》 定价:78.00元
赵宗彪《史记里的中国》 定价:72.00元
陈　虹《替父亲献上一束鲜花——陈白尘与他的师友们》 定价:78.00元

// 集木工作室

投稿邮箱：jimugongzuoshi@163.com
微信公众号：集木做书